01 1983年，陈东升从武汉大学毕业时，到珞珈山上找了块石头，刻一"始"字。30年后，陈东升回报母校，捐资建设万林艺术博物馆，其外形与此石隔空呼应。

02 青杏一枚，恰同学少年。

03 1989年，陈东升在《管理世界》平台上策划的"中国工业四十年——大型企业发展成就展"，成为当年的高规格活动。

04 1992年底，写在旅馆信笺上的手书，开启了泰康旅程。

05 泰康有"户口"了。1996年8月22日上午，陈东升正式从中国人民银行取回批准开业的批文，同日下午，又取得"保险机构法人许可证"。

06 | 5路新军，开启1996年中国保险业的扩军之幕。

07 | 各路英雄，身怀绝技，组成泰康首届董事会。

08 泰康早期高管团队，老中青混搭成同学少年。泰康首届总裁室成员，左起：任道德、欧阳天娜、王玉泉、陈东升、王恩韶、刘经纶、马云。

09 从中仪大厦出发，追求"三化"初心。

10 台湾顾问团带来了寿险营销模式。

11 站在世界保险巨头的肩膀上。创办泰康初期,陈东升拜会台湾国泰人寿董事长蔡宏图,向其"取经"。

12 招聘惊诧:10万年薪不是梦。25年后,这数字……(这数字已不可估量。)

13 第一堂营销课，全数受教。左一：陈东升。右一：马云。

14 泰康北京总部，第一支野战军。左起：郭德生、关敬如、欧阳天娜、陈东升、任道德、马云、杨晓、蔡正铭、闻安民。

15 100位绩优伙伴组成的英雄团队，在董事长的带领下，踏上了前往青海、敦煌的丝路之旅。

16 如此宣示，就不怕泄露商机？陈东升应北大光华管理学院邀请，就"创新就是率先模仿"进行演讲。

17 找最好的葫芦画瓢。创办初期,陈东升带着干部员工到20多家一流保险公司考察学习。图为1998年,泰康人寿代表团访问日本生命保险公司。

18 2000年海外募股,为来年的进击备足粮草。陈东升(左二)向瑞士丰泰人寿保险公司CEO邓亦然(左三)、新政泰达投资有限公司首席代表洪荣兴(左一)、日本软库集团代表发放股票。

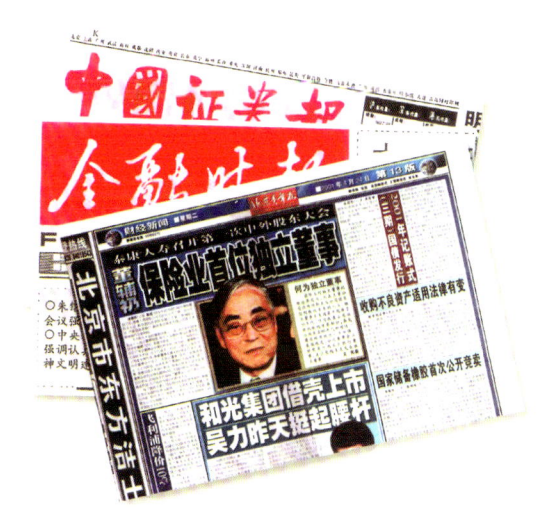

19 | 泰康独立董事？开创中国保险企业治理结构先河。

20 | 2001年，陈东升成为中国金融业第一位CEO，这成为泰康的另一项行业创新。

21 优秀的公司治理是泰康健康成长的基因秘密。2004年9月,泰康人寿在瑞士举行第四届董事会第三次会议。

22 2004年泰康发行次级债券,也是行业第一次尝鲜。

23 | 2005年，泰康入市第一单。

24 | 2006年7月，保监会领导吴定富（右三）到访泰康。

25 | 爱家行动全国路演，这是保险营销新业态？

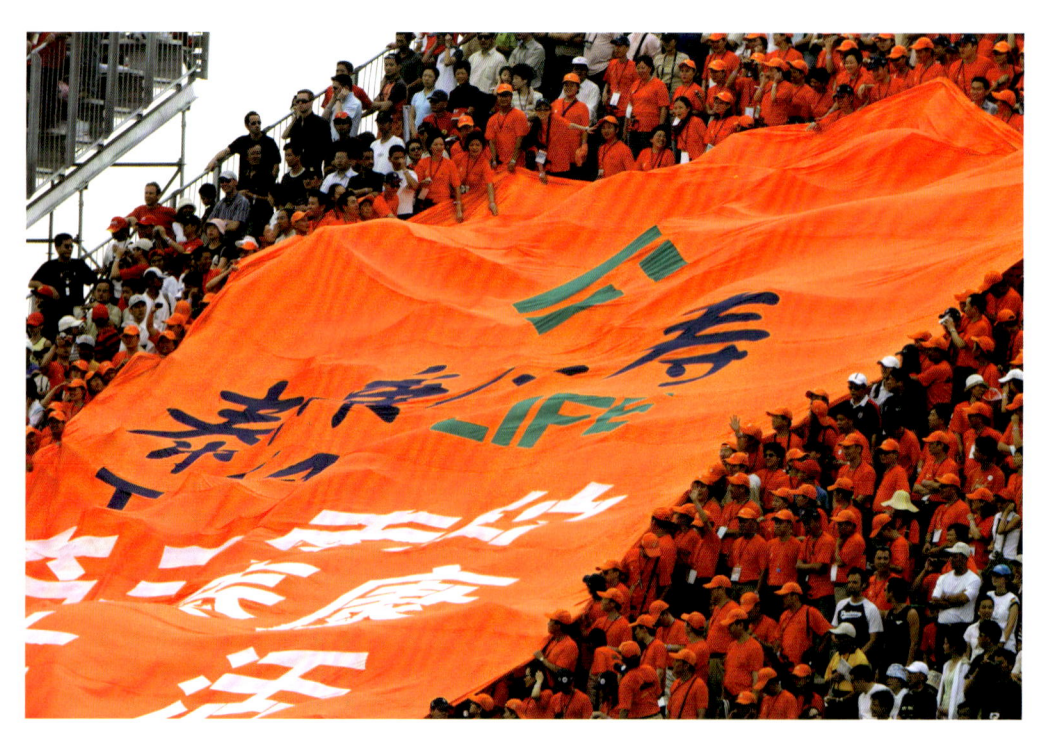

26 | 泰康大旗，惊艳F1。

27 | 820万元，寿险单笔最高赔付。2003年11月20日，民营企业家张先生因癌症去世，其家人从泰康收到的理赔款，创造了当时国内个人寿险赔付的最高纪录。

28 | 这第一锹土，和之前的许多锹土一样。2012年，燕园养老社区奠基动工。

29 | 2012年5月,经济学家曹远征成为泰康"幸福有约"的第一位客户。

30 | 进军医疗行业。2015年泰康投资首家综合医院,泰康仙林鼓楼医院成立。

31 泰康保险集团获批揭牌。2016年，泰康逐渐告别传统的寿险公司，迈向一个以大健康为核心的保险金融服务集团。

32 2014年，陈东升一行考察约翰斯·霍普金斯大学医学院，探索保险业与医疗保障体系有机结合的方式，为进军医疗做准备。

33 拜博口腔，2018年6月，泰康首投专科医疗。

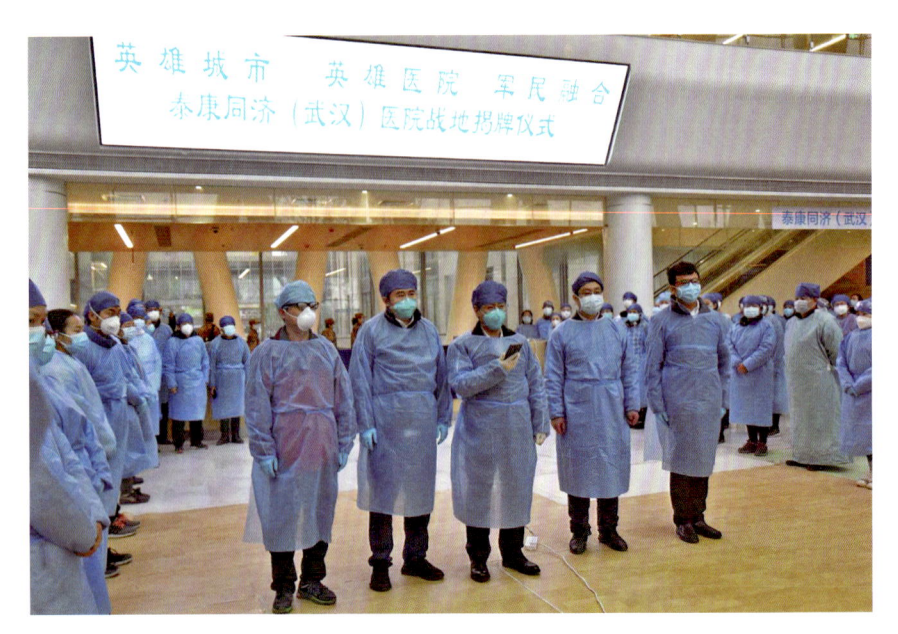

34 | 2020年2月，泰康首家自建综合医院泰康同济（武汉）医院。抗疫，我们来了。

35 | 泰康同济（武汉）医院疫情中提前开业，为赶工程，院领导和所有员工每天蹲在地上就餐。

36 | 泰康持续支持中国当代艺术发展。2004年,陈东升在北京市政协会议上的倡议,对保护"798艺术区"起到重要作用。

37 | 泰康重视教育公益。2008—2019年,泰康人寿多年来连续独家赞助"中国经济理论创新奖"。陈东升董事长为首届获奖者杜润生先生颁发50万元奖金。

38 为祖国60周年华诞保驾护航。2009年,泰康人寿代表中国保险业独家捐赠20万首都国庆游行群众队伍总保额达200亿元的保险。

39 陈东升向母校武汉大学捐赠1.27亿元建设的万林艺术博物馆,是目前国内高校个人捐资建造的最大单体博物馆。2019年,万林艺术博物馆前的大合影,见证了泰康的第十八届"世纪圣典"。

40 捐资支持东润丘成桐科学奖,发掘培养青少年科学人才。泰康形成了从小学、中学、大学到理论研究的完整教育公益体系。

41 捐赠防护物资驰援雷神山医院。

42 聚焦民生领域，增进人民福祉，泰康溢彩公益基金会成立。截至2020年，泰康资助的养老机构超过百家。

43 泰康溢彩公共卫生及流行病防治专项基金首届资助项目发布暨学术分享会。

44 亚布力中国企业家论坛永久会址，地处北国雪山轴线上，呼应着雪山环境，宛如雪山脚下的一顶大帐篷。夜幕降临之时，建筑灯火通明如篝火，象征着众人拾柴火焰高的企业家精神。

45 泰康长期赞助的亚布力中国企业家论坛，是中国企业家的思想交流平台，见证着中国企业家群体的成长。

46 | 泰康是最早支持中国当代艺术的金融企业之一。图为陈东升在"中国风景：2019泰康收藏精品展"的开幕仪式上宣布泰康美术馆计划正式启航。

47 | 陈东升认为《黄河颂》是革命的英雄主义、浪漫主义和现实主义精神的巅峰之作，也是他的内心写照。

48 | 2011年，陈东升重回珞珈山，在山顶的树丛里找到了这块石头。一元复始，万象更新。

长期主义

TAIKANG 25 YEARS OF HISTORY

泰康的25年

王安 著

中信出版集团 | 北京

图书在版编目（CIP）数据

长期主义：泰康的 25 年 / 王安著 . -- 北京：中信出版社，2021.10

ISBN 978-7-5217-3508-6

Ⅰ.①长… Ⅱ.①王… Ⅲ.①企业管理－管理模式－研究－中国 Ⅳ.① F279.23

中国版本图书馆 CIP 数据核字（2021）第 183186 号

长期主义：泰康的 25 年

著者： 王安
出版发行：中信出版集团股份有限公司
（北京市朝阳区惠新东街甲 4 号富盛大厦 2 座 邮编 100029）
承印者：北京盛通印刷股份有限公司

开本：787mm×1092mm 1/16　　印张：17.75
插页：12　　字数：240 千字
版次：2021 年 10 月第 1 版　　印次：2021 年 10 月第 1 次印刷
书号：ISBN 978–7–5217–3508–6
定价：79.00 元

版权所有·侵权必究
如有印刷、装订问题，本公司负责调换。
服务热线：400–600–8099
投稿邮箱：author@citicpub.com

目录

序言　陈东升的家国情怀 I

上季
布衣空手取中原　醉卧沙场君莫笑

01　抗疫硝烟中闪出一彪骁勇 003
02　笃力3年竖起泰康大旗 015
03　瞄着最好的葫芦听话照做 037
04　外资挥起了内含价值大棒 054
05　沿海战略偾张 4 000 网点 072

中季
朝如青丝暮成雪　不破楼兰终不还

06　高堂明镜演绎中产客厅 089
07　红尘滚滚送你一副"金手铐" 111

08 次级债给手机加个充电器 121

09 1 008 人零点守夜　轻舟寻渡 132

10 走在铺金大道上手有余粮 144

下季

了却君王天下事　轻舟已过万重山

11 爬雪山过草地重塑大个险 169

12 商业向善　老年的神闲 193

13 自建整合跨界探路医疗 226

14 在万米高空百年历史看世界 249

后记　为什么是陈东升？ 267

序言

陈东升的家国情怀

2015年4月15日,中国金融新闻网发表了一篇题为《走进中国保险业的"匆匆那年"》的长篇报道,文中写道,"4月7日,北大赛瑟双周讨论会迎来了第一百期。在这个颇为重要的日子,谁来讲、讲什么,着实让主办者纠结了一番。最终,中国保监会首任主席马永伟、北大经济学院院长孙祁祥,带我们走进了中国保险业的'匆匆那年'","可以说,马永伟和孙祁祥都属于'半路出家',1994年前后,对保险业基本毫无了解的二人,几乎在同一时间分别从银行业和经济学领域转换跑道,进入了保险业"。

其实,在中国保险业发展的初期,马主席和我绝不是"转行"特例。当时,对保险业没有什么了解而因为各种原因进入保险业的大有人在,泰康保险集团的创始人、董事长陈东升先生就是其中的一位。当然,东升先生和我与马主席不同。我们是组织安排,多少有些"被动"的性质。1993年北大经济学院成立保险学专业,当时的院长晏智杰教授找我谈话,让我来负责这个专业的筹建,刚开始我一口气就回绝了,因为别说是教授课程、搞研究了,毫不夸张地说,我连"保险"这个词都没听说过,怎么筹建呀?但最终我还是被晏老师的诚心和信任所打动,接受了这项任命。以至于之后很多年,当有媒体问我为什么选了保险这个专业时,我总是回答:"不是我选的保险,是保险选的我。"但东升不一样,投身保险领域,是他一个非常坚定、义无反顾的主动选择。要知道,他也是经济学科班出身,深知"机会成本"的含义。

算起来我与东升认识已经有20多年了。"下海"之前,他在国务院发展研究中心下属的《管理世界》担任副主编。《管理世界》一直是学界的权威刊物,能在此刊上发表文章是学者们很开心的一件事情。20世纪80年代末,我曾在《管理世界》上发表了一篇论文,当时的那种"小窃喜"现在还能回想起来。当然,发表论文的时候我和东升并不认识。之后,大家都在一个领域,接触得多了,慢慢也就熟了起来。在这之后,我受邀成为泰康的董事,对东升和泰康的了解也就相对更多了。

东升是一个很有远大理想抱负的人。大学毕业就能想到在校园的山上找一块石头刻上一个"始"字,可见他的豪情壮志。去年,他邀请我参观他的泰康商学院时,还专门带我去看了矗立在商学院里那块石头的复制品。但即便有如此远大的理想抱负,东升可能也很难想到,公司在成立仅8年时,就能挺进中国企业500强;成立22年后,就能荣登世界500强的榜单。可以说,泰康的发展占尽了天时地利人和。没有改革开放的大背景,没有经济的快速发展,没有百姓财富的迅猛增长,中国保险业不可能获得井喷式的发展,泰康也不可能搭上改革开放的这艘大船破浪前行。

的确,我们很多人都不可能想到,仅仅40多年的时间,中国保险业就从一个几乎不为人所知的"小部门",发展成了一个在国民经济中扮演着越来越重要角色的行业。我国总保费规模在世界上的排名从改革开放之初的第40位左右上升到如今的第2位;保险机构数量从 1 家增加到 2020 年的 238 家；保险机构承保金额和承保范围不断扩大；服务国家发展战略、服务实体经济的能力不断增强；行业在积极参与国家社会事业管理、完善养老和医疗社会保障体系、减灾救灾、提高贫困人口风险抵御能力，以及精准扶贫等方面都发挥了重要作用。与西方发达国家的保险业相比还非常年轻的中国保险业，用了不到半个世纪的时间，就走过了发达国家上百年走过的道路。可以说，中国保险业的发展史就是一部中国经济社会的变迁史，就是一部全行业的努力奋斗史，而泰康，无疑是这部变迁史和奋斗史中的一个杰出代表。

当然，我们谈任何事情，都不能忘记"内因是变化的依据，外因是变化的条件，外因通过内因而起作用"这样一个辩证法的基本原理。同在改革开放的大背景下，有的公司发展得好，有的发展得并不好，为什么会这样呢？我认为除了外部因素以外，更重要的是与公司的治理结构有关，与公司的发展战略有关，与公司的竞争力和创新力有关。而这些，与公司的掌舵人有着直接的关系。

在我与东升相识的 20 多年中，我发现他有一个极为突出的特质，那就是强烈的家国情怀。不管是当年"下海"做寿险企业，还是之后做"养老社区"，做"大健康"产业，他始终秉持这样一个信念：用自己的智慧和能力回馈社会、造福社会。这一信念也让泰康在承担社会责任方面，特别是对教育的捐助、对基础学科的捐助、对经济理论研究的捐助，一直起着表率和先锋作用。2020 年新冠肺炎疫情的暴发，让整个社会见证了民企对社会责任的那份担当，而泰康更是其中的佼佼者。

当然，仅有家国情怀是不足以让其成为一名优秀企业家的。在我看来，泰康的成功至少还源于东升作为董事长对以下几组关系的透彻理解。首先是对保险的本质，特别是对承保与投资关系的理解。保障功能构成了保险产品最重要的内含价值，也成为保险公司核心竞争力的重要内容，但由保险经营的特点也派生出了很强的投资功能，这让保险投资成为保险利润的重要来源和保险经营的重要环节。由此可见，保险行业既要坚持做好承保业务，也要用精湛的投资能力来支撑承保业务，进而保障整个保险经营的稳健运行。于是，你可以看到这样一种情况，当行业内有些企业本末倒置、"不务正业"，以至于保险监管者都要用"保险姓保"这样的告诫来让它们回归保险的本质时，泰康始终坚持以"保险保障"立足，夯实承保业务和投资业务这两个重要的业务基础。其次是对专业化和多元化关系的理解。在有些企业连专业化都没有做好，却四处出击、大搞扩张，追求"多元化"的时候，东升率领泰康始终坚持深耕寿险业，打造了"从摇篮到天堂"的产业链，由此在扎实的专业化基础上，延展出多元化的格局。再次是对国际化和本土化关系的理解。东升最喜欢说的一句话是"创新就是率先模仿"。循着这样一个思路，泰康一直非常注重对国际惯例和国际经验的学习、引进、吸收及借鉴。但泰康也深知"南橘北枳"的道理，因此，这种学习不是"囫囵吞枣""邯郸学步"，而是始终坚持"对标国际、尊重国情、本土实践"的原则，由此在极大提升了学习效率，缩短了赶超时间的同时，也克服了"水土不服"的问题。最后是对规范与创新关系的理解。泰康一路走来，不乏创新之举，在行业内创造了许多"第一"或者"最早"，但与此同时，泰康始终强调规范发展，按规则办事，不踩红线，不触底线，用东升喜欢说的一句话就是，"做监管的好学生"。

东升很喜欢阅读和思考，并能做到躬行实践、知行合一，我认为这是使他具备战略思维能力和恒心定力的一个重要因素。他的一个秘书曾跟我说："陈董每次上飞机前，我们会给他准备许多刊物的简报，或者几本书，下飞机以后，他就阅读完了所有的东西。" 2010 年，泰康的董事会在美国召开，主要考察美国的养老社区，探讨公司下一步养老战略的布局。考察之旅对我们的触动都很大，我对"老人"和"养老"这个世界性的话题也有了新的认识与思考。回国途中，我按捺不住激情，写下了《让我们快乐、优雅地老去》一文。文章见报后，我还没有看到，东升第一个给我打电话，说他非常赞同文章的观点。自那次美国考察以后，11年过去了，泰康一直在深耕寿险产业链，有效推进其养老、健康大战略，完成了在全国重点城市的养老社区布局。然而，东升的思考和探索并未停止。去年4月，他把他在《管理世界》上发表的《长寿时代的理论与对策》这篇文章发给我，看后我深受启发。

长生不老、长生不死，可以说是人类的一种向往和追求，古今中外，概莫能外。但由于超长存活，人类目前对长寿的担忧超过了对夭折的恐惧。从21世纪初开始，随着人口老龄化问题的日益严峻，出现了大量对"longevity risk"（长寿风险）的研究。为什么人类一直在追求的"长寿"现在被加上了"风险"的后缀？为什么追求长寿的人类现在开始担忧长寿？从最直观的解释来看，我认为至少有以下三个方面的原因：第一，长寿者可能会因为疾病缠身而痛苦不堪；第二，长寿者可能会因为财物耗竭而生活窘迫，遑论"老有所养""老有所乐"，更谈不上"老有所为"；第三，长寿者可能不仅只有疾病的困扰和财富匮乏的隐忧，更有可能面临长期的孤独。

然而，我们看到的现实却似乎是，即使长寿带给了人们无尽的担忧，但它仍然是人类向往和追求的事物，否则，经济的发展、医学的进步、社会的前行毫无价值可言。那么，长寿带给人们的究竟会是"上天的礼物"还是"神的诅咒"，其实这取决于包括政府、企业和个人在内的整个社会对此是否有所应对以及如何应对！

正是在这样一个背景下，基于英国学者琳达·格拉顿等人近年来提出的"长寿时代"的理论，东升将"老龄化"问题及"长寿风险"问题拓展到了一个更大的背景、更宽的口径、更长的周期中来进行观察，从经济、社会、人口发展的视角，从供给、需求的维度，从社会、政府、企业的层面，全方位、系统地解析了长寿时代的形成及特征、机遇与挑战，进而为我们勾勒出了一幅长寿时代、健康时代、财富时代并进的全景画面，丰富和完善了长寿时代的内涵与外延。也正是基于他对长寿时代人们对养老、保健和财富安排将产生巨大需求的观察和分析，泰康通过打造长寿、健康、富足三个闭环来构建大健康产业生态体系，以满足人们对养老、健康和财富的需求，很有战略思考和前瞻性。

总之，东升的阅读和研究不是一种附庸风雅，而是真正的学以致用。可以说，他把"知之真切笃实处即是行，行之明觉精察处即是知"的心法演绎得淋漓尽致。我在给他的回信中说："你又做企业，又做学问，还都做得那么好，还让不让别人活了？"这是一种调侃，但实为由衷的钦佩。

知名财经记者王安先生选取了泰康这样一个具体的案例，用细腻的观察、生动的笔触、鲜活的事例，为我们勾勒出了一幅中国保险业自恢复发展以来40多年不平凡的发展历史，泰康只是中国保险业波澜壮阔发展历史中的一个缩影。从我的阅读体验来看，不管读者是否了解保险、是否知晓泰康，有一点是可以肯定的，那就是，只要你经历过改革开放的这段历史，你就会从这本书的讲述中找到自己的身影并感同身受，与故事的主人翁同哭泣、共欢乐。

光阴似箭，转眼改革开放已经43年了。作为改革开放全程的见证者、受益者和参与者，我一直深感庆幸。在这段伟大的历史中，我们每一个人都只是微乎其微的一朵浪花，但一朵朵浪花汇聚起来，就将成为浩瀚的海洋；我们每一个人都只是不足挂齿的一片砖瓦，但一片片砖瓦汇聚起来，就将成为一座雄伟的大厦；我们每一个人都只是渺不足道的一个篇章，但一个个篇章汇聚起来，就将成为一部伟大的史诗。

祝愿泰康以家国情怀，担当使命，继续朝着百年老店的目标稳步前行，书写属于自己更是属于这个时代的精彩故事，为行业的发展做出更大的贡献。

是为序。

孙祁祥

北京大学博雅特聘教授

中国银保监会国际咨询委员会委员

北京大学经济学院前院长

2021年8月于北京

上季

•

布衣空手取中原
醉卧沙场君莫笑

•

- 这两幅油画都是红色经典,以理想、信念、浪漫氛围著称。尤其《黄河颂》更为直白,战士的枪口,那本是滚烫硝烟的去处,竟开出娇艳的小花。枪与花,现实与浪漫,行动与理念,眼下与战略,一直在缠绕着陈东升,纠结着泰康。

- 谈完下楼梯时,陈东升对李艳华说:"过来一起干吧!"李艳华只记得陈东升说了纽约帝国大厦之类的话。具体是在帝国大厦上架个广告牌子,租帝国大厦一间房,还是建一座帝国大厦?李艳华记不清了。

- 另一家寿险公司正在对外招股,董事长说:"最大的问题是观念问题。欧洲大公司的老板们来访,我们好好接待他们,让他们看看公司的实力、热情和管理情况。虽然是在公司食堂吃饭,但要让他们感受中国饮食文化的博大精深。我们搞了一些雕花等工艺,感觉不错。结果他们反馈:'你们这么吃得花掉多少成本?从机场过来一路警车开道,我们在欧洲从来没有这个待遇。'"

01

抗疫硝烟中闪出一彪骁勇

武汉封城　千万人口立时速冻

恓惶惨淡。

在所有的恓惶中，最甚者不是青面獠牙的鬼怪，而是半夜，一个头从你的窗外伸过来——如果你以为那是个头的话。这是个圆滚滚的物件，白煞煞的，晃晃悠悠的，无眼无眉无鼻无嘴，让你有无限的想象空间，一眨眼它会变成什么？不知道。虚妄之恓惶。

纠结了 20 天，终于打了这个电话。

这是 2020 年 1 月 21 日，陈东升致电武汉市政府。

一个市场中人，兀自沟通行政系统。

20 天前，从 2019 年 12 月 31 日那天，陈东升就开始纠结，他给泰康人寿湖北分公司总经理李勇转发了一条新闻链接，叮嘱他

"关注"。这条新闻说，武汉出现"不明原因肺炎"。

陈东升隐隐不安，瑟瑟纠结。保险人天生对灾害敏感。

转过年，2020年1月9日，国务院副总理、全国老龄工作委员会主任孙春兰在北京调研。在位于昌平区的泰康养老社区燕园，陈东升向孙春兰介绍了泰康的医养产业，并提到，在武汉，泰康将有一家医院开业。

快到春节了，1月20日，陈东升委托武汉大学校友企业家联谊会和湖北省楚商联合会秘书长蹇宏去给武大的一些老师拜年，陈东升是这两家商会的会长。一位生命科学领域的院士告诉蹇宏："从常识上讲，这种传染病不可能不人传人。要注意了，情况比想象的严重得多。"

下午，蹇宏把这一消息告诉陈东升。此时，大家已把"不明原因肺炎"称为新型冠状病毒肺炎。

当晚，钟南山院士在央视《新闻联播》中断言：存在"人传人"现象。

气氛诡异开来。

许多人还木然着，但陈东升惊着了。

21日一上班，陈东升便致电武汉市政府，表示泰康将向武汉医护人员每人赠送20万元的保险保障，并捐款给武汉市。"当时我跟领导说，不要宣传，担心会带来恐慌。"

同日，陈东升嘱蹇宏在武汉成立楚商疫情防控指挥部，启动灾害应急响应机制。

22日，泰康又提出捐款1 000万元用于抗疫，并通过泰康溢彩公益基金会第一时间捐赠5万只口罩。那时口罩奇缺。

泰康是第一家捐钱、捐保险、捐口罩的民企。

大惊小怪吗？用力过猛吗？吓（hè）死人了？

但天大的事真的发生了。

23日凌晨2时，武汉市公交、地铁、轮渡、长途客运停止运营，机场、火车站离汉通道关闭。

一个千万人口的城市，立时被速冻——武汉封城。

东升大哥带头　　全球采购惊艳四方

之后数月，包括在美国探亲的6天，陈东升被手机"绑架"了。

湖北省楚商联合会会长，武汉大学校友企业家联谊会理事长，武汉大学北京校友会会长，泰康保险集团董事长，亚布力中国企业家论坛理事长，几个系统，几十个微信群，讨论、咨询、协调，他从早到晚忙个不停，超负荷。

1月23日下午，武汉市联系泰康，给泰康发了感谢信，提出要举行一个捐赠仪式。24日上午，武汉市一位副秘书长，与李勇、蹇宏等戴着口罩，在市政府举行了仪式。

泰康打了头阵，23日晚上快手宣布捐款1亿元。

24日，武汉大学北京校友会组建了百人志愿者团队，有9个行动小组、4个后方保障小组，筹款3 600万元。

同日，恒大向武汉市慈善总会捐款2亿元；腾讯公益慈善基金会宣布捐赠3亿元，并设立第一期疫情防控基金。

25日，阿里巴巴宣布设立10亿元医疗物资供给专项基金，从海内外采购医疗物资，定点送往武汉及湖北其他城市的医院，马云公益基金会捐赠1亿元供武汉研究新冠疫苗。

同日，字节跳动向中国红十字基金会捐赠2亿元，成立"中国红十字基金会字节跳动医务工作者人道救助金"。

同日，嘉德国际拍卖联合东润公益基金会举办公益拍卖，为抗疫募集善款。

陈东升成了带头大哥。"我最喜欢的一个称呼是东升大哥，这个称呼是不容易得到的，它不是组织任命的，而是靠你的实力、你的奉献和你的为人长期形成的。"

武汉的情况越发紧张。钱来了，然后缺物资；物资来了，又缺人；之后，缺床位。

先是物资，口罩和防护服越发稀缺。

之前，泰康已在21日启动了灾害应急响应机制，这是泰康在2003年SARS（严重急性呼吸综合征）期间留下的重要遗产。

"非典之后我们建立了一整套应急机制，只要发生灾难就立即启动，主要是迅速搜索我们的客户，迅速赔付。"泰康保险集团总裁刘挺军率陈奕伦诸将，昼夜连轴转，操持采购医疗物资。

"一面是医疗物资紧缺，一面是很多订单在市场上飘，拿过来一看很多都不合标准。我们一直在做医疗供应，很专业，一眼就能判断出来。"刘挺军请泰康养老公司老总李艳华去找ECMO（体外膜氧合器），李艳华一晚上找来两台，这种救命的机器全世界只有1 200台。

后来，国内资源买空了，便启动泰康的朋友圈，将泰康的股东、武大校友会的校友、亚布力中国企业家论坛的企业家都发动起来，通过各自的渠道在全球采购。

众人各显神通，雷军、蒋锦志、毛振华、艾路明、田源、周旭洲、曾文涛、蹇宏、喻杉等一呼百应，北京、河南、广州、武汉、长沙、天津等地的武大校友会与韩国、大纽约地区等海外地区的校友会联动，从韩国、日本、伊朗、德国、法国、美国、英国等地筹集的物资源源不断汇集武汉，计181吨物资，包括20万套防护服、

20万副医用护目镜、380万只医用口罩和9万只KF94民用口罩（能够过滤掉最少94%的直径等于0.4微米的颗粒物）。

阎志的卓尔在武汉封城后的6天内，从全球采购了300万只医用口罩、30万只N95口罩（对空气动力学直径0.3微米的颗粒的过滤效率达到95%以上）、近30万套防护服、32 000副护目镜，用4架专机运回，捐赠覆盖湖北省全部17个市州，捐了第一批4个方舱医院中的3个。刘宝林的九州通是国内最大的民营医药流通上市公司，累计投入1.5万人确保渠道畅通，并协助武汉红十字会捐赠物资的运营管理。艾路明的人福医药是首批指定的3家疫情防控物资主力储备配送企业之一，覆盖湖北省内二级以上医院200多家……

紧急态势下，民企的动员能力颇有特色。与国企相比，民企本多成长于社会消费和服务端，危机中其专业能力便凸显出来，如泰康的医疗援助、平台企业的物流渠道、一些高科技民企的防疫机器人和技术支持、腾讯和阿里巴巴快速推出健康码等。再如马云第一时间协调打通国外物流，复星亦宣布启动全球物资调配计划。

另外，民企的决策链条短、执行力强，老板一声令下，沙尘乍起。如号称"首善"的陈光标，对他的做派和非议另说，在2008年汶川地震中，陈光标第一时间发令从各地调动自家的机械装备驰援灾区，日夜兼程，甚至跑过了一些解放军的车轮子，惊艳四方。

据中华全国工商业联合会的统计，湖北疫情发生以来，全国有11万家民企捐款172.23亿元，捐赠物资价值119.32亿元。其中楚商联合会累计向湖北捐赠现金10.44亿元，捐赠物资价值6.68亿元。

三来四回 "爱心保"紧急上线

泰康的本职是保险。其间,泰康向全国450万名医护人员和3 000多名一线记者赠送了保险。

泰康紧急上线了应对新冠肺炎疫情的保险产品"爱心保"。这是一个公益性的保险计划,保费低、保额高。

"爱心保"面世不易。当时陈东升在美国,刘挺军新任泰康保险集团总裁不久,"爱心保"向银保监会寿险部报了三次都被打回来,问:已给医护人员送了保险,为什么还要有面向个人的保险?

泰康不放弃,三来四回,终于通过。"爱心保"在湖北卖了159万单,97万客户里有41万新客户。在全国,"爱心保"共有810万客户,盈利全部捐献给泰康公共卫生及流行病防治基金。

"因为有2003年非典的经历,我们很清楚,在非常时期,一定要有一个产品来安抚社会情绪,来体现保险企业的社会责任和担当。另外,这个产品也能填补业务空白,让我们的营销员保持运动和工作状态,在非常时期获客。"陈东升说。

第一例医护人员感染新冠肺炎的理赔发生于2020年1月25日上午。武汉梁医生感染新冠肺炎去世的新闻传出,泰康理赔当天结案,1月26日梁医生的家属收到理赔款20万元。另一个赔案是武汉某医院放射科宋医生。

至2月底,保险业共赔付新冠肺炎疫情专属案件9万件,涉及金额1.1亿元,其中一线医护人员的理赔金额达3 700万元。

泰康湖北分公司一位56岁的外勤人员感染新冠肺炎去世了。

"她是2000年入职的,36岁就到公司了,一个外勤不离不舍跟了我们20年,听到这个,我的眼泪就流出来了。"陈东升说。李勇为这事挨了陈东升的骂,怪他没有照顾好员工。李勇心里也委屈。

鬼扯!同济(武汉)医院3天改毕开业

2020年1月23日武汉封城后,恐慌的患者涌向医院,医疗床位全满,市民只好居家隔离。但事态无从控制,到2月2日,武汉报告的确诊病例增长了10倍。

"应收尽收、应治尽治。"但是,床位呢?

当日,陈东升又一次致电武汉市政府:"我有医院。"

泰康同济(武汉)医院是泰康保险集团投入近40亿元,按照国际标准建造的综合性三甲医院,规划床位1 600张,与华中科技大学同济医学院附属同济医院合作管理。在定位上,既服务基本医保人群,亦提供高端医疗服务,当时只剩下防火验收和污水处理两项没有完成,本计划在3月底的世界大健康博览会期间开业。

"别舍近求远了,这儿有现成的医院。"

武汉市政府马上派员来看。最早是汉阳区,一看泰康同济医院不是公办的,而是社会办医,因此没有第一时间征用。陈东升、刘挺军便赶忙找区里、市里。

不等有结果,2月6日晚11点,泰康同济医院线上开动员会,200多人报名,最终组成了60人的突击队。2月7日,北京、武汉两地连线举行出征仪式,陈东升握拳道:"为我们英雄的城市、英雄的医院,勇士出征!"

2月8日，武汉市政府批准，泰康同济医院纳入抗疫系列，首批提供300张床位，接重症或轻症待定。

2月9日中午，中央赴湖北指导组组长孙春兰副总理给陈东升打来电话，感谢泰康为抗疫做出的贡献。2月11日，孙春兰视察泰康同济医院。算上1月9日的北京泰康养老社区，一个月间，孙春兰两次到访泰康。

"开始我们定位的是方舱医院，领导看了后，觉得可以作为定点医院，于是军队接管，医院1100张床位全部启用。"至此，泰康同济医院与火神山医院、湖北省妇幼保健院光谷院区、中国人民解放军中部战区总医院一起，由军队医疗队伍入驻，成为抗疫中收治确诊、重症患者的主力医院。

如此，对武汉人民当然是好事，但对泰康呢？

巨大的经济负担是一定的。收治传染病人的定点医院与一般医院的设计要求不同，氧气、通风、污水处理、负压ICU（加强监护病房）等，都必须进行"拆家式"改装，前期投入的装修设计费用都要赔掉。疫情过去，还得恢复成原样，又是一笔钱。

另外，医院接收了新冠肺炎病人，疫情过后，公众会把医院认定是传染病医院或专科医院。这对于一家全新的医院，一家想上档次的综合医院来说，在名声上，是有极大不利的。

"这笔账算都不要算，到我这儿拉倒。不惜一切代价，举集团之力支持泰康同济。"陈东升很决绝。

医院改造工期报上来了，要一个月。

"鬼扯！一个月，疫情都过去了，提都别提。"从一个月压到20天，再到一周。最后，整体改建包括设计、审核、施工，只给三天三夜。

2月13日，泰康同济医院开业。晚9点，受陈东升所托，刘挺军、陈奕伦、李明强一行星夜赶赴武汉，在医院改建现场督战，紧急调集物资。改建后，医院拿出了 1 060 张床位，其中重症患者及 ICU 床位 780 张。

开业第一天，医院只能开放 100 张床位，但一下子挤进来 200 多位病人。

泰康同济医院的雪中送炭，成效显著，累计收治 2 060 人。

插一句。《三国演义》中东吴虎将甘宁百骑劫魏营，虽不足以定大势，但却令一众看官爽了一把。2020 年骁勇杀出的泰康同济医院，虽只是抗疫大营中的一支偏军，但却以飘逸的姿态，在抗疫的硝烟中，留下一道迥异的快闪。这支偏军，就是民企。

中共中央、国务院、中央军委颁奖　楚商上榜

在泰康同济医院开业的当天，2 月 13 日，湖北省卫健委核发了医疗机构执业许可证，泰康同济医院的性质为非政府办非营利性医疗机构。

这意味着，这家原本定位为营利性医疗机构的医院，改变了营业性质。

在医院改造中，可预见的费用支出是上亿元。

作为企业经营者，这笔账是要算的。当然后来政府掏了这笔钱。

陈东升说："这次抗击新冠肺炎疫情，是一种战时状态。这时候国家要征用资源，作为一个公民、一个企业家，就应该站出来。我跟同事们讲，这次疫情救援花了多少成本，一切都不用想。危难当头，匹夫有责，救死扶伤，实现人道主义。我们做大健康的，这

个时候能做出贡献，能派上用场，就应该欣慰。"

在 2003 年 SARS 时期，泰康能做的就是捐款、捐物、捐保险。而 17 年后，抗击新冠肺炎疫情，泰康积累的大健康产业资源，神威大展。除去泰康同济医院，泰康仙林鼓楼医院也派出了医疗小分队参加抗疫，医院、养老社区、供应链等资源，全数上场。

"泰康的资源，在这次抗疫中，全用上了。"

2020 年 1 月 25 日大年初一，泰康第一批捐赠的 5 万只口罩就送到了武汉。如此神速，是因为泰康养老社区和泰康系医院自身就有储备。当泰康物资储备告罄，市场上也难以买到时，泰康溢彩公益基金会左右腾挪，八方筹措，千里驰援，支持了武汉、孝感、黄冈等 15 个城市的抗疫物资补给，展示了泰康大健康生态的协同力。

陈东升总结道："泰康这次主要做了三件事，一是对重大灾害及时补偿和救助，捐钱、捐物、捐保险；二是贡献出了核心医疗资源，1 000 多个床位，这些甚至比捐钱、捐物更重要；三是未来，出资 1 亿元设立泰康公共卫生及流行病防治基金。公共卫生的核心是大健康，这与泰康的发展战略结合在了一起。"

9 月 8 日，全国抗击新冠肺炎疫情表彰大会召开，楚商联合会和泰康同济医院荣获"全国抗击新冠肺炎疫情先进集体"。这个奖项是由中共中央、国务院、中央军委颁发的。

陈东升代表楚商联合会在北京领了奖。联合会秘书处表示，把奖牌寄回来就行了，但陈东升坚持自己送过去。"这是全体楚商的荣誉，也是对中国民营企业的肯定。这是一场体制不分内外、人群不分左中右的全民战争。抗疫期间民营企业家登上舞台，展现了惊人的组织能力、整合能力和全球资源配置的能力。"

陈东升对自己民间经济人士的身份甚为珍重。2018 年，陈东升入选"改革开放 40 年百名杰出民营企业家"。2019 年，陈东升被评为"全国非公有制经济人士优秀中国特色社会主义事业建设者"。

陈东升深知国家和社会对企业发展的重要性。2019年10月,陈东升接受《人民日报》采访时说:"当一家企业自觉融入国家发展、社会进步的进程,用自己的现实产品满足社会需求,那它一定能获得巨大的发展空间。"

企业成功了,社会就会有更高的期许。"我其实是一个公益家,也可以算是个慈善家。但不要认为慈善家就是捐多少钱,捐钱很重要,但不是根本,根本是把企业做好。"陈东升说。

问题来了:此次抗击新冠肺炎疫情,政府聚集了很多社会资源,包括国企和私企,但疫情过后,当经济回归常态,也许有人习惯了这种"集中力量办大事"的特殊做法,会依赖准战时状态的行政手段的资源配置方式,这是否反而会生疏和伤害市场经济的运作形态?

陈东升认为:平时尊重市场规律,关键时刻靠举国体制。企业不断创新壮大,为客户提供服务,让员工家庭幸福,给国家提供税收——人民生活幸福安康,国家社会繁荣稳定,企业与国家的方向和利益是一致的。

战士的枪口开出娇艳的小花

市场与行政,自由竞争与国家体制,商与政,商业考量与家国情怀——作为企业家,如何处理这些关系?何时该拨通2020年1月21日那样的电话?

25年间,陈东升白手起家,泰康平地起楼,靠市场手段,出落成了一个世界500强。25年间，陈东升一直在不停地理解、调整、处理这些关系。

泰康藏有两幅油画，一幅是陈逸飞的《黄河颂》，另一幅是沈尧伊的《革命理想高于天》，它们都是泰康以4 000万元拍来的。这两幅油画，是泰康艺术藏品的压箱之宝。

这两幅油画都是红色经典，以理想、信念、浪漫氛围著称。尤其《黄河颂》更为直白，战士的枪口，那本是滚烫硝烟的去处，竟开出娇艳的小花。枪与花，现实与浪漫，行动与理念，眼下与战略，一直在缠绕着陈东升，纠结着泰康。

25年，什么是泰康？泰康为了什么？为什么是泰康？泰康会怎样？

02

笃力3年竖起泰康大旗

做中国500大企业评价　赚来了眼界

这是泰康发端的一个流言,演绎甚广。

1990年,陈东升随中国青年代表团赴日本考察。

陈东升此行的背景是:1984年,我国曾邀请3 000名日本青年访华;之后,作为回应,日本共5年每年邀请100名中国青年访日。

在东京新宿街头,陈东升偶然抬头,发现东京最高的摩天大楼是保险公司的,最醒目的巨型广告牌是日本生命和海上火灾的。

这颠覆了陈东升的想象。保险公司原来是可以成为如此巨擘的?

自此保险在陈东升心里扎下了根。

但若是说,这保险的扎根,源于陈东升的偶然抬头,那就好比说，牛顿发现万有引力是由于一颗苹果的偶然落下。信就信吧。

实际上，在偶然抬头看到日本生命的广告前，在陈东升心里，保险已多有铺垫。

访日时，陈东升是国务院发展研究中心下属的《管理世界》杂志的副主编，杂志主编是后来出任中国保监会副主席的李克穆。

访日前，陈东升借《管理世界》杂志操盘了中国500大企业评价，其模板是《财富》的世界500强榜单。

做中国500大企业评价，杂志社前期借款投入3 800元，事后编撰500大企业图书，企业买书交450元，登广告交4 500元。结果，收了850个广告，杂志社赚了近400万元。其时，陈东升的工资不到百元。

此役诱出了陈东升的商情。但对陈东升来说，比赚钱更大的收获是——赚来了眼界。

陈东升品味到，一个国家的经济地位，与拥有世界500强的数量成正比，企业强则国家强。世界500强中，美国第一，有140家入选，日本第二，有110家入选，德国58家，法国57家，英国56家。

中国呢？最大的企业是大庆油田公司，排在世界500强的450名之后。而且，大庆，大国企。

陈东升还赚来了另一个大眼界：注意，在这个世界500强榜单中，保险公司多达50家。

闭塞会限制想象。在欧美、日本等发达经济体，保险业规模庞大，经年积累，其沉淀的资金规模甚至超过银行。而人寿保费，由于其资金的长期性，更是经济起飞的重磅推力。经典的是第二次世界大战后日本经济的复兴腾飞，人寿保险闪耀东京。

"当年我看了一本书，说是日本经济起飞的时候，重化工业阶段，大量寿险资金的投入，扶持了许多日本大企业。1997年，我去日本待了一个星期，日本生命拥有东京证券交易所1.7%的市值。

这就更加证实了我的判断。"多年后陈东升说。

在海外华人富翁中,当年最有名的不是李嘉诚,而是蔡万霖,是拥有国泰集团、国泰人寿的蔡老板。

这些都刺激着陈东升。

20年后,2016年,各路神仙也已看明了寿险的厉害,纷纷举牌,把寿险当成圈钱的平台,指东打西,野蛮嚣张。其时泰康早已过了资本积累的初始阶段,遂闷头做保险的事。此是后话。

苹果如不是遇到牛顿　只会招来一声国骂

有创业赚钱的热情,那只是一厢情愿,要想做成大事,还得要众人乐意,得有市场需要和市场容量。

比寿险产业结构更为长期、更为确定的是人口趋势。随着人口出生率和死亡率不断降低,人均预期寿命不断延长,人口结构会从金字塔结构逐渐变成柱状结构,人口老龄化无可阻挡地扑将过来,长寿时代已然到来。日本人老了,欧洲人老了,美国人老了,中国人还会远吗?

高山长路,大水大鱼,寿险确实是一个超级事业平台。

正是基于对这些规律和趋势的理解、思考、沉淀,陈东升的举头一瞥,方才有了其后泰康的结果。否则,这举头一瞥,最多引出一声"噢"。就好比一颗苹果掉下来,如果不是遇到那个叫作牛顿的人,或许只会招来一声国骂。

灵机一动的天才,那是传说。背后的操劳、血汗、积攒,莫与人说,说了人也不信。

要操持寿险这个平台，需要有超级的决心、耐心、平常心。

陈东升1983年从武汉大学经济系毕业离校前，特意去珞珈山，在一块大石上刻下"始"字。不就是刻一个字嘛，还特意去找石匠学了半天，去置办了家伙。"始"前功课，预示着"始"后做派。刻此字，陈东升当有"终"的期许。虽然"终"在哪里，如何"终"，"终"得是否如愿，或非个人所控，但没有"始"，好的"终"必少动力、必少效率、必打折扣。

有了"始终"的期许，总是更靠谱的。

其实，那年不仅是陈东升看到了寿险业的前景，政府高层亦然，遂以增加市场主体为手段，来促进国有保险向商业保险、向市场转轨，刺激滞后的寿险业。

增加市场主体有两条路径：一是自20世纪90年代初，中国人民银行先后批准成立了15家地方寿险公司，由地方政府背书；二是惨烈分拆龙头老大中国人民保险公司的产寿险，既是为分业经营防范风险，也是逼寿险独立，促其急速生长，跳出产险的荫庇和掣肘。

但这些寿险公司大多作为不大，却麻烦不少，亏损严重、担保纷乱、举报频频。到1996年中国人民保险公司分拆，这15家地方寿险公司便陆续被划归到分拆后的中国人寿公司，重回体制内，煮了回改革夹生饭。

正值此时，面对寿险发展的窘势，热情满满的陈东升来了。

精英们顶着原罪　刀尖舔血

天才的灵机一动之所以能成功，其背后必有大势的推动。

1992年初,邓小平发表南方谈话,力促改革开放,引发中国一轮市场经济的发展和高涨。

邓小平南方谈话,为什么是1992年?其背后亦是国内外大势使然。

受邓小平南方谈话引领,1992年政府机构、科研院所的大批体制内精英纷纷下海创业,根据人事部门的数据,1992年辞官下海者有12万,不辞官也下海者,达上千万。显然,后者没有前者专一、纯粹。

这一拨新企业家集群,被称作"92派"。其中有田源创办中国国际期货公司,毛振华创办中国诚信公司,郭凡生创办慧聪公司,冯仑创办万通集团,黄怒波创办中坤集团,武克钢创办通恒集团,朱新礼创办汇源集团,胡葆森创办建业集团,苗鸿冰创办白领时装公司,王梓木创办华泰保险集团,另外还有陈东升。

实际上,在1992年的7年前,也就是1985年,《世界经济导报》发表了一篇文章《股份制——中国企业改革的唯一出路》,文中称股份制是社会主义公有制的一种高级体现形式。该文的作者正是那个永远留着亮亮的小分头的郭凡生,时年30岁。

也是在那前后,1984年有一拨精英下海创业,如王石、柳传志、任正非。

那时没有《企业法》《公司法》,没有企业的产权制度,连深圳拍卖土地都是违宪的——精英们大都顶着原罪,刀尖舔血。

其间,市场中充斥着靠价格双轨制和外贸批文获利的操作。无论是资质、资本,还是渠道、人脉,尤其是所有制的模糊状态,都令人备受折磨,与企业家行为和现代企业治理相距尚远。

万向鲁冠球、联想柳传志、TCL李东生,完成了原始积累,获得了个人财富,幸运着陆;而王石,虽然站在道德高点,但终无大富,末了险些丢掉万科老本,成为网民消费的"甜品";最惨的是褚时健、李经纬,还有仰融,却道天凉好个秋。

骑着一辆女式自行车　分文不取

到了"92派",最大的不同就是有了初期的顶层设计,"92派"是现代市场经济秩序和现代企业制度的试水者。

"过去对企业家是不待见的。1992年往前推5年,我下海,人家会说陈东升犯了错误;往前推3年,会说陈东升没本事;到1992年下海,大家就会觉得这是个人物。这是因为精英和主流社会的价值观发生了变化。"

1992年5月,国家经济体制改革委员会印发了《股份有限公司规范意见》和《有限责任公司规范意见》两份文件。当年召开的中共十四大亦宣布,中国经济体制的改革目标是建立社会主义市场经济体制。

至此,定向募集资本、建立现代股份公司有了依据和可能,这就减少了创业企业的原罪。

之后,"92派"狂奔,陈东升"跳跃",郭凡生"撒欢儿"。他们为何在闻到1992年"春天的气息"后才幡然离开体制,而不是之前就离开?

原因之一是,比之"92派","84派"的家庭传承和背景更为深厚,人脉资源更为久远,因此下海更早,如王石,如柳传志,大抵如此。

虽然都是由仕而商,但比之王石、柳传志,"92派"从起步开始,更浸淫于市场,更接近于现代企业基因。"用计划经济的余威,抢占市场经济的滩头,也就是利用计划经济时期的人脉关系、社会资源获得好的起点，但不是拿了牌照就躺在政府身上，而是走市场化道路。"陈东升说。

然而，"92派"跳进市场，同样要面对的是：政与商，灰色地带与市场规则，改革困境与路径，现代企业治理与计划体制传统，资本本性与社会角色。

"就说在北京，在当时这样一个大的政经混淆的大染缸里，出淤泥而不染，你靠的是什么？靠低调，靠专业，靠做事硬。南北方稍有差异。南方多是跑马圈地，多元化，挣快钱；北方多是进军市场的空白点，建立一个领头企业，以此推动一个产业的发展。后者更需要有知识基础和前瞻能力。"陈东升说。

还要靠一点——纯净的少年心。

陈东升大学毕业后被分到外贸部经济研究所，业余在湖北一个学术刊物《青年论坛》当北京记者站站长。"那时我骑着一辆女式小自行车，穿梭于北大、人大、中央党校之间，经常凌晨三四点钟回到宿舍，很累，一分钱报酬都没有，甚至连公共汽车费都不报销，但乐呵呵的……"

1997年前后，网络热潮引来了海归派，如张朝阳、田溯宁之类的，他们连计划经济的边都没沾，托市场经济的福，干干净净，白手起家，风险投资，网络英雄。

海归派对中国企业制度最大的贡献，是引进了创始人和期权这两个重要概念，用制度来保障企业家精神和价值。

比起柳传志，陈东升少有原罪；但比起张朝阳，陈东升又多了牵绊。从纯净和透明度来说，张朝阳第一，陈东升居中，柳传志断后。都不容易。

然而，即使起点干净，也难保证去路平安，走着走着也可能会变味，就算自己不变，环境也会变。

中国企业能走多远？

据统计，日本现存企业超过 1 000 年的有 7 家，超过 100 年的有 10 万家，全世界 80% 的老字号在日本。甚至，日本皇室历 126 代 2 600 多年，对比自中国秦始皇始，还多 400 年。

如何走得长久？这是一个超级课题。

速成的保险专家　南山人寿直接撞名了

中国化工进出口公司、中国粮油食品进出口公司、中国远洋运输公司等几家国企，正在筹划申办一家产险公司。

中国人民银行非银行金融机构管理司保险处崔利贞处长劝道，现在国家鼓励发展寿险，莫如申寿险吧。诸国企领导一合计，寿险他们不在行，还是搞产险吧，便回绝了人民银行的美意。

国企何止是"计划经济的余威"，明明就是虎威八面，大嘴吃天下，不差这一口。

听此事，陈东升一阵欢喜："这等好事，你们不做，我来。"时为 1992 年 12 月。

第二天，陈东升匆匆跑到新华书店，狂翻保险类书籍，买回来高高的一摞。此后，陈东升逢人便聊保险，两年前在日本受到的刺激，终于小宇宙要爆发了。

1992 年 12 月 16 日，陈东升到上海出差，晚上在新锦江大饭店闲来无事，把纸一摊，未来伟大的寿险公司的蓝图便出世了。

一张白纸，平地起楼。

这个速成的保险专家，当年 36 岁。

陈东升伟大的寿险公司叫"四方人寿"，没有虎威八面，也要大嘴吃四方。注册资本？陈东升铆足了劲儿，戳下"1 500万~2 000万美元"。

在1992年，人民币兑美元的汇率为8.5∶1。2 000万美元合1.7亿人民币，确实是大钱。只是，为何是美元？公司不是中国境内企业吗？或者股东是洋人？

转过年，陈东升改主意了，不大嘴吃四方了，四方不是谁想吃就能吃的，那不靠谱。改"南山人寿"了，寿比南山，悠然见南山。

毕竟保险专家是速成的，工作不细致，信息不扎实，竟然不知南山人寿是台湾大名鼎鼎的寿险公司，直接撞名了。

500字请示报告　亮点是资金运用

1993年3月18日，中国对外贸易运输总公司以"（93）运办字第104/0141号"文，向人民银行递交了《关于组建南山人寿保险股份有限公司的请示》："为了建设社会主义保险市场，完善我国社会主义保险体系，根据邓小平同志南方谈话精神和党中央大力发展第三产业的指示精神，我们拟组建南山人寿保险股份有限公司。"云云。

名头总是大的好，建设社会主义保险市场，落实领导意图，政治正确。

内容也是必需的。南山人寿股东以中国外运挑头，另有国际航空、国旅总社、外贸信托、燕山石化支持，这些都是大国企。

迅疾拉来这些国企大佬，应当是与陈东升操办中国500大企业评价的经历有关，人熟好办事且力量大。

与四方人寿相比，南山人寿低调了些，注册资本为1亿元，实收5 000万元。

在5 000万元中，中国外运出资1 100万元，国际航空1 000万元，国旅总社1 000万元，外贸信托950万元，燕山石化950万元。也还符合股权分散原则。

《关于组建南山人寿保险股份有限公司的请示》共2页，约500字。8条公司业务中，除与保险和再保险相关的外，还有一条："经中国人民银行批准的资金运用业务。"资金运用，这在保险业是一个久远的话题。南山人寿，一掌拍在腰眼上。

20年一轮回　保险业回到起点

中国人民保险公司成立于1949年10月20日。《中国人民保险公司组织条例（草案）》第四十九条规定："中国人民保险公司每届决算，除应提各种保险责任准备金外，其纯益应按下列比例分配之：公积金百分之五十，特别准备金百分之二十，提交中国人民银行百分之三十。另外，人保资金交由人行运用。"

"人保资金交由人行运用"是什么意思？这就是说，人保并非一个真正意义上的金融企业，企业岂无投入产出的权利？人保只是人民银行的保险业务操办部门。

1958年人保国内业务停办，人保海外业务归入人民银行国外业务局。这意味着，在中国，保险业作为一个行业，竟已废了。计划经济时期，国家计委定项目，财政就是大会计，人民银行被并入财政部，成了财政部的大出纳。而保险，只是财政的补充手段。

改革开放后，1979年4月9日，国务院正式批准人保办理境内保险业务，保险业复活。

在1981年2月的全国保险监管工作会议上，作为主管单位领导，人民银行总行副行长尚明代替出差的卜明副行长参会，他说：

"首先，从我们社会主义建设现状和将来发展的趋势看，保险是一种必要和必须发展的事业。其次，从全社会、全世界和我国正反两方面的经验来看，担任社会补偿作用的具体形式，最合适、最现成和最有效的就是保险。

"在讲这个问题时，我没有提关于积累保险基金这个重要问题，并不是说通过保险这个渠道，来积累社会主义的建设资金这个问题不重要。我想说明的是，我们提出这个问题，在保险事业开展的过程中间，必然有个保险基金问题，也必然由于它的业务不断扩展，而这个资金应该是越来越多的。要履行它自己的补偿职能，也必须有一个相当大的资金力量。

"我要特别强调一下，从银行方面来说应如何看待保险业务。保险也是金融业务的一种，是广泛的银行业务里的一项，在我们国家当前的情况下，则是银行工作的内容之一，不是额外负担。因此，各级银行应当把保险看作自己应该完成的任务。"

尚明的第一段讲话，谈的是保险的社会补偿作用，而不仅仅是传统的财政手段。后又谈到积累资金，着重讲的是保险资金的积累，而不是强调为政府积累资金。在第三段话中，尚明把保险定位为一种金融业务，更进一步的理解就是一个金融行业。当时中国人民银行职责甚多，兼有金融监管、货币政策以及部分商业银行操作，虽然保险业尚未像后来那样独立出来，但在意识上已有此意。

渐渐地，保险堂而皇之地拥有了资金，积累了资本。接着，就是资金使用的渐次放开。此是后话。

插一句。从1959年初全面停办国内保险业务，到1979年恢复，整整20年。

1980年是人保恢复国内业务后第一个比较完整的业务年度。用1980年的数字与1958年人保停办国内业务前的数字相比，1956年全国保费收入为21 963万元，1957年为22 291万元，1980年为28 000万元。

由于那段时期物价涨幅不大，特别是1966—1976年物价几近冻结，因此1957年和1980年的这两个数字似可比对，亦似可得出结论：就保费收入规模而言，经过23年，中国保险业几乎又回到了起点。

"20年又是一条好汉。"这话透着豪迈，细想却又悲凉——凭什么？凭什么20年，一个行业说扔就扔了？

外面彩旗飘飘　心中红旗不倒

当陈东升借中国外运之手递上请示报告时，他或许没想到，这一等就是3年。比20年强。

那年月，金融业空前火爆，证券公司、信托公司、财务公司、租赁公司、城乡信用社、典当行都身价飞涨，甚至一些企事业单位的三产也"鸡犬升天"。其间，陈东升创立了嘉德国际拍卖和宅急送，但保险依然是他的心头肉。外面彩旗飘飘，心中红旗不倒。

和陈东升一起摽着干的是任道德，他曾任人民银行常务副行长郭振乾的秘书，后任交通银行天津分行副行长。还有一个"亲兵"

韩堃,从学校出来就跟着陈东升,从嘉德跟到泰康,左冲右突。

3年中,几乎就这三五个人坚持着——还没有《沙家浜》胡传魁手下的十来个人多。

平日,陈东升操持嘉德,任道德做交通银行天津分行副行长,到周末,他们凑到一起交流,充实材料,寻找股东,时常往领导那儿跑跑,叙叙感情,探探消息。

许多朋友,甚至准股东都烦了,说:"东升,太难了,算了吧。"乃至,有人民银行的人直言:"如果你办证券公司、信托公司,容易得多。要不,给你批几家城市信用合作社吧,别折腾了。"

陈东升执拗如初。

其间,陈东升的武大校友田源搞中国国际期货公司,声誉日隆,山头显赫。陈东升说:"我搞世界500强清楚,里面有50家保险公司,但没有一家期货公司。"

比陈东升要早,冯仑乃"海南六君子"之首,虽然类型段子张嘴就来,确为一代精英。其创办北京万通实业公司,杠杆收购,连环控股,野蛮生长,做得风生水起,投资了3个信用社,以及华诚财务、天安保险、陕西证券、民生银行。

显然,陈东升与冯仑有不同的喜好,前者是种地,后者是玩票。

某日,陈东升接到人民银行的一通电话,指导他去找北京市财政局,找人保北京分公司,合股办一个股份制寿险公司。"只要你谈成了,我就给你批。"

陈东升不动声色。当时陈东升在办嘉德,只这么一个小民企,与政府和大国企合作,谁认你呀?谁听谁的呢?种谁家的地呢?这离陈东升要创办一个真正市场化的、股份制的企业的理想,有点远。

多亏那时陈东升没动。否则,很可能就像那15家地方寿险公司一样，增加了寿险市场主体，奋勇扑腾几年后，被收归国有，然后，用后半辈子打官司、了后事。

种地也要等天时。1995年初，《中华人民共和国保险法》即将颁布施行，格局、规定渐渐明晰，产险、寿险分业经营，保险牌照瞬时变成香饽饽，各种伸手。

1995年3月，貌似没来由地，人民银行突然通知，将审查南山人寿的申请，要求补充资料。此时才发现，"南山人寿"早已名花有主。

陈东升转身便翻词典，不一会儿就敲定"泰康"——国泰民康，安民济物。

申筹报告再次递交到人民银行，泰康人寿主发起人由中国外运变为国旅总社。此外股东还有中国外运、燕山石化、国航、南航、东航、嘉德等，阵容越发齐整。

为什么是泰康？为什么不是泰康？

且慢得意，看看人民银行对股东的要求吧，计有：

- 净资产占总资产的比例不得低于30%；
- 投资入股后的累计投资额占净资产的比例不超过50%；
- 入股前投资金融机构累计投资额占全部累计投资额比例不超过10%；
- 近3年税后利润为正；
- 个人、民营企业、集体企业、外商合资/独资企业不能投资；

- 银行机构不能投资；
- 股东成立时间不能少于5年；
- 保险公司注册资本不低于5亿元；
- 各股东在保险公司内的持股比例不能超过10%；
- 全体股东中至少有3家总资产超过100亿元……

见识到什么叫苛刻了吧。人民银行说得很清楚，所有股东都要现场稽查，必须合格。重点是查负债率，以及现金充裕度，股东入资须是自有资金，不能是借贷。

天津船舶是亏损的，上报时调报表后是盈利，虽然是合法调报表，但真要查，还是含糊，只好请它走路，冒不起那个险。杭州锦江集团成立不足5年，退出。南航奉命参股支持广东省一家保险公司的申筹，退出。

陈东升、任道德又是一番八仙过海，到1995年4月中旬上报股东资格资料时，又有海南石化、上海邮政总局、中房集团等加入，凑足10家股东。

等待批筹是熬人的，众竞争者都暗自盘算：能批几个？有无自家？

1996年1月22日，人民银行发文，批5家，泰康打头，其他4家是新华保险、华泰保险、永安保险和华安保险。

为什么是泰康？

为什么不是泰康？

确实，之前陈东升在体制内游走，和官员们低头不见抬头见，关系是撇不开的——不能说这些因素对泰康拿到保险牌照毫无作用，但有一个事实是无可置疑的：《保险法》公布后，人民银行接到100多个保险牌照申请，但是，从1993年3月到《保险法》公布前，两年间，持续申请寿险者只有一个——陈东升，坚挺不退；在经历了人民银行 3 任分管副行长的交接中,"南山人寿"以及之后的泰康人寿,始终名列申报名单首位。

股东进进出出　总是在流动

一纸批筹令,既是喜帖子,也是紧箍咒。

1996 年 1 月 22 日泰康人寿批筹,筹建期截至 1996 年 7 月 22 日。

气氛骤然紧张了起来。到日子若"新房"搞不定,"嫁妆"备不齐,哭死没人疼。

1996 年 2 月 14 日,泰康人寿筹备处开张,不到 10 人。刚开始在北京保利大厦办公,6 月 20 日迁至中仪大厦。

竖旗子,号房子,招兵买马,这很重要。而更重要的是,股东,股东,股东是金主。

"办泰康,至少要找 10 家股东,还只能是国企。你想这事有多难?"陈东升说。

其间,股东进进出出,大进大出,总是在流动,不停地在溜达。

国航、东航、南航是泰康的核心股东,它们一直在纠结产险还是寿险。一个航空公司最值钱的是飞机,是机体保险,而不是旅客人身险,自然倾向产险。

铁杆股东燕山石化也喜欢产险:"只要公司成立,我手下的产险业务全给你,一下子流水巨大,利润也有了。"

但陈东升还是坚持寿险,说寿险才有未来,云云。

末了,航空公司因负债率过高,资格不够,国航、东航也随南航而去,退出泰康。这对泰康打击甚巨。

一般来说，寿险公司要5~7年才能获得盈利，这对那些想挣快钱的股东，是一种折磨，更是一种吓阻。但陈东升也只能实话相告，能瞒一时，骗不了长久。

"反倒是中国外运、燕山石化这些企业不拿这当个事，因为它们买条船、建个厂子，头几年都没有盈利，在思维习惯上能接受。"20世纪90年代，大国企效益还不错，比如燕山石化刚刚上马乙烯工程，挣了大钱。

单个股东持股不能超过10%，这意味着谁说话都不算数。股权分散对企业经营层来说是好事，但是对股东来讲，吸引力大减。

中粮想控股，看看没戏，就撤了。

中国外运与中国邮政速递、上海邮政总局之间是同业竞争，不便"同室操戈"，后两者都退出了。

北京城建的股东资格不逮，被刷掉了。

哈尔滨铁路局正在改制，纷杂难专心，撤了。

光大贸易是纯贸易企业，负债率过高，走了。

工商局处长学《公司法》 净抬杠了

许多股东都想在泰康安排自己的人，以往参股哪怕10%、20%，也要向下派财务总监。

陈东升说："一个都不能派，你要派，别人也要派，听谁的？"

1994年7月1日施行的《公司法》，成了泰康与股东交涉的一个武器：泰康是按照现代企业模式建立的，是股份制的，要按《公司法》来。据说当时泰康还是给了三个大国企股东副董事长的位置,但不参与公司经营,一切交给陈东升和他的团队。

"《公司法》出台后,我们就使劲抠,还找了一个工商局的处长,请教好几次。其实当时他也在学,有好多不懂的,他说你这个不行,那个不行,我们净抬杠了。"韩堃说。

1996年泰康筹建时,在《投资入股合同》里有一个条款:"鉴于嘉德国际拍卖公司独立承担了公司申报组建期间的全部工作和风险投资,允许该公司在未来3年内资本金到5 000万元。"

有股东提出要把这一条拿掉,但陈东升坚持,反复多次,最后还是写进《投资入股合同》里了。

创始人保障,这确实是件新鲜事。但企业获得稳定的运行控制机制,对股东只有好处,没有坏处。况且,这不只是创始人获得股权的一种选择承诺,是得拿出真金白银的。

这些国企的头儿也蛮可爱的,像燕山石化,之前从来没有把5 000万元投到一个项目里,最多的是投4 000万元。"我们也看过各种项目风险评估报告,泰康的报告就四五页纸,把寿险说了说,把发展测算说了说,这么简陋,我们也没法追究,反正我们就信你陈东升这个人吧。"

心思各异,众口难调。在不适与纠结中,泰康艰难前行。

高管须有5年从业经历　贵人难求

到了1996年6月底,马鸣家转了一圈,见各家筹办得吃力,哪里都没搞好,急了,下最后通牒:宽限两个月,到时还完不成,批文作废。

1995年《保险法》颁布后，7月人民银行设立了保险司，马鸣家乃首任司长，魏迎宁、刘京生是副司长。

1994年之前，监管保险的是人民银行金融管理司，只有监管岗，没有设立处室。1994年之后，人民银行设立非银行金融机构管理司，下设保险处，崔利贞任处长。

两年间，保险监管机构从股级，或无级，连跳两级到司级。

插一句。1998年11月18日，中国保险监督管理委员会成立，人民银行与保监会、银监会、证监会搭帮成为监管中国金融业的"一行三会"。再之后，2018年4月8日，银监会和保监会合并为中国银行保险监督管理委员会。

其实，精瘦的马鸣家平日挺随和的。"他跟你打扑克时挺好的，但在监管上他是有手段的，是严厉的。铁腕呢！"

6个月做好筹备挺难的。比如电脑，当时电脑不好买，系统开发也要时间，紧赶慢赶，验收时也只能是一个PC（个人计算机）的简单系统，能应付现场模拟出单，流程走通顺就成了。

其他的，业管、精算、核保、核赔，还有产品——泰康开始只有两个产品，"小博士"和"常青树"——这些都得做出个模样。

七七八八做得差不多了，又有麻烦了——任职资格。

根据《保险公司高级管理人员任职资格管理规定》，保险公司高管须有5年从业经历。到哪里找那么多合格的人？

之前陈东升没有保险从业经历，任道德也没有。好在陈东升拟任董事长，把门槛放低点，说他之前在国务院发展研究中心是研究经济的，后来做嘉德国际拍卖，拍卖在业务分类中属于金融，有两年的金融机构任职经历了，有点牵强，勉强过吧。

但总裁，陈东升是当不成的，左挑右选，末了请出已经退休的人保北京分公司总经理王玉泉掌旗。

到1996年7月中旬，要"揭盖头"了，又有5家股东资金不到位而退出,又急招广东华灵集团、广东粤财信托投资公司加盟,方稳住阵势。

这两家广东企业确像常山赵子龙单骑救主,精准犀利。

比如广东粤财信托,中国华建审计事务所给出的审计报告是1996年6月26日才出具的,内称:截至1995年12月31日,公司资产总计为609 226万(审计报告漏打"元"字),剔除各种无风险资产172 126万元,调整后资产总计为437 100万元,公司的资本充足率为18.9%,大于资本最低充足率8%;公司资本总额为82 447万元,长期投资10 772万元,加拟向泰康人寿保险公司投资5 000万元,对外投资累计金额为15 772万元,占资本总额的19%;公司超过8%以上资本金部分为47 479万元,表明公司投资来源在超过8%资本金部分内;公司最近3年连续盈利……

1996年7月12日,泰康人寿第一次股东预备会召开,通过了公司章程,签署了《投资入股合同》,通过了陈东升董事长的任命。泰康人寿注册资本是6亿元。

泰康人寿首任经营层是:董事长陈东升,总裁王玉泉,常务副总裁任道德,副总裁马云,高级顾问王恩韶、欧阳天娜,助理总裁关敬如、杨晓。

其中王恩韶乃《保险法》起草小组副组长。

最终这16家股东如下表所示。

16家股东名单

公司	法人代表	入资金额(万元)	占股比例(%)
燕山石化	刘海燕	5 000	8.333
兖州矿业	赵经彻	5 000	8.333
重庆钢铁	郭代仪	5 000	8.333
中国外运	吴秉泽	5 000	8.333

续表

公司	法人代表	入资金额（万元）	占股比例（%）
嘉德国际拍卖	陈东升	1 000	1.667
国旅总社	刘家骧	5 000	8.333
广东粤财信托	孙亚余	5 000	8.333
中国港湾	叶惠然	2 500	4.167
中远财务	余培翘	1 000	1.667
北京鸿运置业	崔治安	5 000	8.333
北京印染厂	张克安	2 500	4.167
海南华侨投资	赵错	5 000	8.333
大鹏证券	徐卫国	5 000	8.333
中国仪器进出口	张汉臣	2 000	3.333
营口港务局	黄恩元	1 000	1.667
广东华灵	张晓靖	5 000	8.333

资料来源：泰康保险集团。

泰康人寿的股东很勇敢嘛，大把的真金白银交给了一个速成保险专家。但事后，他们发现，泰康人寿是个金矿，回报丰厚。

广东粤财信托提出要股权证，因为这在香港是有的。陈东升很接受这个要求，有仪式感。然后，任道德对接了人民银行造币厂，密纹、水印全用上了，加密印刷。再后来，股权证完全去纸质化了。

1996年8月22日上午，陈东升从人民银行取回了开业批文。同日下午，泰康人寿取得保险机构法人许可证。9月9日，获得营业执照。

8月22日，这一天被定为泰康人寿司庆日。

这一天，是邓小平的生日。

9月16日，泰康人寿在北京长城饭店举办开业典礼。全国人大常委会副委员长王丙乾、王光英、布赫，全国政协副主席杨汝岱、万国权、杨成武、陈锦华，人民银行副行长殷介炎、保险司司长马鸣家到场。

03
瞄着最好的葫芦听话照做

10万年薪不是梦　营销还能这么玩？

1996年12月11日,陈东升登门把254元理赔款送到一个小男孩手里。这个孩子是泰康的第一个理赔客户,他划破了手指。

还不仅如此。9年后,这个小男孩又被邀请参加泰康的"爱家之约"六一儿童节活动,与陈东升再次相见。

一个254元的赔案,何以如此隆重?用力过猛了吗?

其实这不是钱的问题。保险客户是保险企业的衣食父母,怎么尊重都不为过,是钱能衡量的吗?

在保险行业,尤其是寿险,还有另一个衣食父母——营销员。

早先,中国境内的保险公司都是产寿合一的,产险主大,寿险拾遗。并且,所谓寿险只有法人业务,就是团体业务,如团体医疗、团体意外等，没有个人寿险，于是也就没有营销员。

中国个人寿险和营销，最早是1992年美国友邦保险公司带进上海的，实际上是友邦保险的台湾团队，徐正广等人。这大大惊奇了大陆保险人："保险还能这么干？"

自那之后，大陆保险业才有了个人营销。最早是平安保险，1994年下半年，同时在北京、上海、深圳三地开练。

泰康1996年成立，一上来就有个人营销业务，当时在北京，有平安、新华、友邦、太平洋等公司同场竞争。中国人寿等国企，是后来加入的。

泰康一露面，便以"10万年薪不是梦"惊动坊间。"我那时候月薪才1 200元，诱惑力够大吧？"韩堃说。

当时媒体这样描述泰康的营销员：大专以上学历，男士西装革履，女士淡扫蛾眉，营销员人均产能超过万元。

黄新平原来在荷兰国际集团工作，有洋范儿。进入泰康后负责招募、培训营销员，强调营销员要有"三高"——高学历、高素质、高产能。"泰康还没拿到营业执照时，我们就开始招营销员，在《北京晚报》上登了一个小豆腐块广告，来了一两千人，基本上都是本科学历，人大的，中央财大的，但我们不要应届的。"

后来都是跑招聘会，每个月都有一两次。泰康喷绘了一个大广告牌，墨绿色的底纹，上面写着"10万年薪不是梦"，每次招聘会都扛到现场，装车卸车，十分惹眼。

在招聘现场，几家保险公司一字排开，明争暗斗，煞是激烈。

招来了人，面试，之后参训、实战，去写字楼敲门、扫楼。回来还要写拜访日志，主管还会做辅导，批日志，做心理抚慰。"做保险的，要有一股子韧劲、拼劲，要执着，不怕挫折，高情商。所以要从性格的多角度磨砺。"

黄新平说："我刚来泰康，看营销员培训、做早操，我浑身不自在，手脚都不知道往哪里放，但陈董一来，和他们一块做，很投入。"

张捷是 30 岁那年加入泰康的，是泰康的"黄埔一期"。一天陈东升来到培训现场，问大家都喜欢哪个城市，广州？上海？成都？……"我不知道哪里好，当时就没有回答。其实陈董是想告诉我们，泰康将来会大发展，会设很多分公司，我们都会去开拓新天地，天高任鸟飞。可那时，泰康还没开业呢。"

后来，张捷果然"飞"了，历任泰康昆明分公司、吉林分公司副总。

但现实很残酷，许多人没"飞"成。在"黄埔一期"的 173 人中，只有 58 人进入第二期的实战训练，每天都有人被淘汰，迟到、着装不规范、考试不合格、口试不过关、话术背不下来等。张捷表示："我们只有战战兢兢，听话照做。"

从 1996 年 8 月开业到 1997 年 4 月，泰康连续 9 个月人均保费达 1.4 万元，实动率 92%，出勤率 95%，业界注目。而这些业绩的背后，有苦，有汗，有泪。

"1996 年 10 月，我们团队 196 人的 200 万的业绩目标，差 3 天时还只有 168 万，这如何是好？早会时，蔡顾问上台了，他是我们心中的偶像，必有良策。蔡顾问很平静，通报完业绩，在白板上写：业绩 168 万，目标 200 万，负 32 万。然后，下台走了。我们都没有离开。突然，一位主管走上台，用红笔写'+1.5 万''+5 000''+1.2 万'。大家被感染了，纷纷上去写下自己的目标，白板上红字一片。最终，大家的业绩预报比目标多出了 25 万。3 天后，我们成功了，公司特别开了一个'欢乐 200 万'的联欢会……"张捷说。

台湾讲师人情练达　下面美女一片

蔡顾问是台湾人。泰康的大旗还没竖起，台湾人就提前进入了。

1995年底，"泰康批筹"的消息越发明确了，人保郭德生把台湾保险行销集团引荐给陈东升。"保销集团也想进大陆做生意，搞保险公司，但政策不允许，所以先进来做咨询培训，找机会。"

1996年1月，台湾保险行销集团在北京赛特广场与泰康座谈、培训，讲保险营销、业管、IT（信息技术）、公司组织和人力资源管理，保险行销集团董事长梁天龙、总经理曾恩明都来了，陈东升以下一干人听了3天。

之后，泰康聘请保险行销集团作行销顾问。据说，6个讲师，一年费用300万元。

当年的任道德，月薪3 000元。

还没开业，还没入钱，就出此血本，可见泰康心诚。

插一句。在泰康之前，各路保险公司都在请台湾师傅。平安是"龙腾计划"，太平洋是"逐鹿计划"，资深督导师底薪每月4.2万元，高级督导师是3.6万元，加上人吃马嚼，这些台湾师傅每人每月费用超过10万元。

台湾的保险行销讲师都很老到，西装革履，人情练达，开口一侃，能把听者讲哭了。下面美女一片，仰视着，崇拜着。

老师的要求非常严，甚至教大家怎么穿袜子，袜子穿得对才能衬出气质。以前大家从没注意过袜子该怎么穿。老师说，袜子必须是深色的，最好是黑色的。从那以后，受过训的人都穿深色袜子，除非穿旅游鞋。

台湾的保险行销培训是精英范儿。只是，市场能容得如此精英，如此精耕细作吗？

友邦也是精英制，但友邦批机构很难，而中国企业就容易得多，若是玩精英，就浪费了牌照。而且，哪里有那么多精英？在北京、上海还行，到成都、沈阳就不行了，玩不起来。

与精英对照，疯狂增员是保险公司的扩张利器，山呼海啸，旌旗蔽日。开始是动员亲戚，接着是发动熟人，第三阶段才是陌拜，是真正的展业，许多人却止步于此。增员速度决定了切割原始市场的速度，决定了保险公司生存的空间。"萝卜快了不洗泥"，泰康的精英模式"压力山大"。

陈东升提出"专业化、规范化、国际化"，这永远是对的，但市场是残酷的，市场能容下泰康的细工慢活吗？

何况，泰康身边还有个小伙伴新华督着。

那时，泰康很喜欢跟新华一起混。做业务管理，两家碰到问题，比如风险保额怎么算，就会争论。

新华那边天天加班，泰康这边也不含糊，两家差不多个把月就碰一碰，比一比，交流进展，交流团队，今天在他家，下一次到我家。新华的孙兵、泰康的陈东升也时常碰面，很频繁。

挺奇怪的，这本是两家竞争的公司。"对呀，只有竞争才能互相提升，没有对手你自己就弱下去了。"一是，竞争出效益；二是，抱团取暖。

陈东升曾说，泰康左眼看友邦，右眼看平安，两眼看世界。细想，这应该是之后多年的情怀吧。当时，应该只能看得到新华喽。

后来，泰康和新华走上了不同的路，你进我退，起起伏伏。

1996年12月19日，泰康人寿保费收入突破1亿元。这是挺不错的成绩，但似乎还可以更好。营销团队的规模扩张，似乎低于预期，让人着急。

友邦保险管不了　我只管内资

刘经纶替代王玉泉，出任泰康总裁，那是1998年10月，一干就是21年。

之前刘经纶是人保江西分公司人身险处长，1989年便呼吁人保产寿分家，并在江西试点实施。

1993年10月，刘经纶加入平安，操持平安总部产寿分家，引进台湾国华人寿的个人营销。平安老总马明哲说："刘经纶你在深圳做了产寿分拆和营销方案，要落地呀，但落地不能在总公司，要落到当地市场。"第二年，遂派刘经纶到北京，拆分平安北京分公司的产寿险，建营销团队。

到了北京，刘经纶撸起袖子大干。忽地，撞上"拦路虎"——马鸣家，人民银行保险司司长。

平安报批个人营销条款，被人民银行保险司打了回来。"凭什么营销员要拿百分之二三十的佣金？"

刘经纶解释说，佣金这件事是国际惯例，友邦保险在中国不也是这么做的嘛。

马鸣家说："友邦保险我管不了，那是外资司管的，我只管内资。"一句话就"怼"绝了。

马鸣家也是有根据的。当时财政部有规定，保险佣金不得超过总体保费收入的4.5%。

"他不批我也不能动啊，违法的事干不得。"刘经纶托关系找到人民银行北京分行通融。北京分行没碰到过这种事，不知怎么处置。刘经纶出了个主意，花了3万元，请了一家律师事务所出具法律函，认定这个条款没什么问题。律所认定的是法律问题，保险专业问题他们不管。

人民银行北京分行批了。

从11月底批下来，不到两个月，刘经纶就招了100多人，收了100多万元保费。

谁料，转过年，马上要回家过春节了，刘经纶正往机场去，人民银行北京分行打来电话，说总行领导指示三件事：第一收回北京分行的批文，第二解散营销队伍，第三把已收保费上缴。

这三条，随便哪一条都是要命的。

刘经纶蒙了，给在深圳的马明哲打电话。马明哲很镇定，只一句话："你搞掂再回家过年。"

刘经纶刚到北京半年，两眼一抹黑，抓瞎了。只好去找平安北京分公司办事处主任骆鹏。骆鹏带着刘经纶，晚上跑到马鸣家的家。

"我记得马司长住在4楼，进家门时他正在写书法。"两人在马家磨了一个多小时。还是马鸣家的妻子心软，说："老马，人家小刘不容易，你非得逼着不让人家过年呀，过了年再说吧。"

过了年，自然又是一番汇报，解释，磨叽。末了，马鸣家说："要不就先看看吧。"

那之后，刘经纶率平安在北京市场"横趟"。在平安内部，号称"南有何志光，北有刘经纶"。

插一句。多年后，2004年马鸣家已退休，筹建国民人寿，也要搞个人营销。刘经纶见到马鸣家，提及当年的事，马鸣家笑道："此一时，彼一时。"

因此，陈东升必挖刘经纶而后快。

刘经纶说："我从平安走不是辞职，是上调的，从深圳商调到北京，泰康的上级主管单位是国务院发展研究中心，手续是时任办公厅主任办的。"

工资怎么能是人事部发？我们一起上大楼

与台湾精英范儿不同，刘经纶修正了台湾师傅的精英范儿，大力增员，要接地气，要符合内地市场特色。多年后，陈东升还为那时泰康向市场低头遗憾。

搭台垒灶，建章立制，产品系统、业管体系、运营体系，核保手册、理赔手册、保全手册、续交手册、客服手册……学台湾国泰，学瑞士再保险，学瑞士丰泰，"在日本东京和横滨之间有一个东户冢，是日本第一生命的培训中心，泰康的许多干部都在那儿培训过"。

欧阳天娜曾在人保香港公司打拼，有港范儿。但在北京，范儿起不来了。每天早晨，泰康的车在城区转一圈，收单，集中起来手工录入，然后在系统里审核……

"瑞士丰泰台湾公司派了一个专家陈国华，长期在泰康帮助运营，他从香港、台湾拿来很多保单样本，我们比照着，把一些字句改成中文简体，再在电脑上画出来，然后拿出去印刷。装订保单，内地的订书机不行，陈国华便从香港背回来一个气眼机，很快就用坏了，陈先生又背回来第二个，那个机器现在还在泰康博物馆里。"薛继豪说。泰康的客服和业管体系沉淀了不少人才，董燕、岳洁、马东伟都是泰康早期就来了的,当年的小青年现在都成了管理者。

朱彬被派去上海,拜访友邦、太平洋。"我一看,太平洋的人力资源体系是行员制,完全是国企的,是等级工资制。我回来写了一个东西给董事长,提出我们要和国际接轨,搞A、B、C、D,管委会、总裁室就是A级。"

泰康副总裁马云统管团险业务和电脑系统。他搭起了泰康最初的团险班底,有不少人来自人保北京分公司。早期的团险骨干,比如戴海峰、尹嘉玲、方军等,后来都留在了泰康。"我们用的系统是一个小公司天之华的,是北大几个年轻人搞的,花了18万块钱,很简单,但是支撑了泰康人寿5年的业务,没有出现任何问题,性价比很高。那时的规则、流程、单证都比较简单。"

电脑系统要符合风险管控的要求,但也不能过于严格,过严了业务就进不来,玩不转,相互迁就一下吧。一直支撑到2000年引进外资股东,泰康才换上了CSC(计算机科学公司)寿险核心系统,这还是和瑞士丰泰台湾公司合伙买的,花了1 000多万元,各出一半的钱,然后汉化、本地化。"CSC寿险核心系统引进时,除了电脑部,还成立了各部门人员组成的虚拟办公室,运作了一年多,保证了系统汉化和正式上线。"马云回忆道。虚拟办公室是个敏捷团队。

但泰康的本地化,却惊动了财务部副总李艳华:"工资怎么能是人事部发?"

李艳华进泰康有点"跌份"。

1996年5月,泰康的股东进出频繁,场子怕是要撑不住了。任道德找到李艳华,要她给拉几个股东。那时,李艳华在国家审计署干得正欢,官至处长,审计一众企业,威风八面,令人暗惧。末了,李艳华找来中国港湾建设总公司。

记得那天和中国港湾谈,陈东升来晚了。一见面,令李艳华意外的是陈东升的年轻。陈东升穿着件皮尔·卡丹休闲装，两个胳膊肘各搞了个大补丁。那年月时髦这个，全国工商联主席经叔平就经常这么穿。

谈完下楼梯时，陈东升对李艳华说："过来一起干吧！"李艳华只记得陈东升说了纽约帝国大厦之类的话。具体是在帝国大厦上架个广告牌子，租帝国大厦一间房，还是建一座帝国大厦？李艳华记不清了。

玩笑了。

"那时候我在审计署已经12年了，一路干得挺好的，在接触陈董之前没想过下海。而且，那时保险地位很低，跟别人说我在保险公司都不好意思。后来我到泰康很久了，有人问我爱人我在哪里工作，我爱人还说我在审计署，弄得我挺不高兴的。"李艳华说。

在筹建期到了泰康，李艳华发现工资是人事部发，财务部给人事部打钱过去，财务部成了出纳。天下哪儿有这么干事的？这账怎么做？几个月后，上边来审计，泰康过不了关，工资才改由财务部发。

不仅是发工资，李艳华要做的是全面预算管理，全盘规范化操作。李艳华发现，她面对的很多都是空白，必要的流程和制度全都没有。

从流程图开始，从收款到核保核赔、资金运用、账务处理、报表制作，一点点把规矩立起来，把风险点控制住。

"我通常是逆向思维，先想到最坏的结果，再反过来捋控制过程。我们建立了收支两条线和资金调拨签字制度。保费作为收入的同时又是负债，利润事实上来自费差、利差和死差，这三差是精算的概念，在会计报表上是看不出来的，必须引入精算利润管理。"

或许正是看到其审计工作经历，陈东升才拉李艳华上帝国大厦的。

插一句。武汉分公司是除北京外泰康的第一家分公司，1998

年 3 月开业，胡昌荣操盘。看看 1997 年 7 月 10 日的筹建期财务预算吧，后来哪位能用这么点钱开家分公司：在 3 个月的筹建期内，分期拨付资金 200 万元，其中小轿车 1 辆 23 万元，移动电话 3 部 2.4 万元，寻呼机（汉显）6 部 1.02 万元，寻呼机（数字）4 部 0.24 万元，电脑 5 台 6.25 万元，打印机 3 台 1.5 万元，彩色电视机 1 台 0.85 万元，摄像机 1 台 0.8 万元，工资 28 万元，广告招聘费 10 万元，修理及燃油费 5 万元，培训费 20 万元……

创新就是率先模仿　　讲这话心里当有底气

请台湾保险行销师傅来培训，是借助华人经年累月沉淀下来的保险营销经验；听凭审计出身的李艳华横刀立马把守钱库，是遵从行业规矩；而引入精算利润管理，则是开始试图理解并最终实施国际标准。

所有这一切，都是遵从，是模仿，是跟随——不是创新？

"创新就是率先模仿。"

"照世界上最好的葫芦来画瓢。"

这两句话，陈东升到处讲。

这些说辞招来一些议论：模仿就是模仿，模仿怎么能成为创新？

但陈东升不管，还是到处讲，讲成了金句。

对模仿，陈东升加了说明。第一，要善于模仿、主动模仿。第二，要率先，这很重要，必须是第一个模仿者。第三，要找最好的模仿。

这是后发智慧？是中国企业赶超世界先进企业的后发优势论？

模仿论并不是停留在嘴巴上或纸面上的，陈东升一直在干着。

在《管理世界》评中国 500 大企业时，陈东升便借鉴了美国《财富》杂志世界 500 强排行榜。当时新闻稿里有一句话："中国第一次采用国际惯例评出 500 强。""西方企业几百年不知道交了多少学费，能走过来一定有道理，我们模仿国际惯例这个概念，就是觉得中国不要搞太多的概念，要老老实实学。'国际惯例'，就是经济领域一个社会化的名词，一个社会现象。"陈东升说。

当年的工业成就展也是模仿。一天陈东升看电视，农展馆搞农产品展销会，请了总书记、总理来。"我想，农产品都这么多人关注，如果我们搞一个中国大企业的工业展览，比这个大多了，总书记、总理肯定也会来。所以，就有了'中国工业四十年'的展览，就这么简单。"

创办嘉德国际拍卖，陈东升也是瞄上了历史悠久的拍卖公司苏富比。

如今模仿越发普遍了，并且又有了新词——"对标"。

虽然很实用，但"模仿"这个词确实不够"高大上"，肯说出来，肯公开说，肯反复说，心里当有底气、有自信。

1978 年，邓小平应邀访问日本。访日期间，邓小平参观了日本日产汽车工厂，他对自动化焊接生产线深感兴趣。

参观结束后，邓小平说："我懂得了什么是现代化。"[*] 邓公很自信。

---

[*] 引自人民网，http://cpc.people.com.cn/n1/2017/0214/c69113-29078712.html。

拜访德国同行　建议搞分红险

到 2000 年，不到 5 年，泰康已在武汉、广州、成都、沈阳、上海开办了分公司，加上北京，已完成六大区域的布局，渡过了生死关。

5 年间，泰康总部已从北京东二环的保利大厦搬到西二环的中仪大厦，最后落户在长安街。新大楼里还没有装电梯，陈东升带着泰康一干人爬上了顶层 11 层，11 层的多功能厅敞着水泥墙，大家就着水泥味儿，一起吃了周年司庆蛋糕。

当天，泰康内外勤共 289 人，聚集在泰康大厦前，升国旗奏国歌，升旗手是天安门国旗班的老战士……

眼看着，泰康举旗竖帜，招兵买马，垒灶埋锅，跑马圈地，像旁的保险小伙伴一样，自此走上了正道；又像千回百转，苦尽甘来，灰姑娘和白马王子终于牵了手，比照所有甜蜜的人儿，尽可花前月下了。

幸福的生活总是相似的，但幸福生活不总是花好月圆，怎可能一马平川、岁月静好呢？遇到坑、陷阱、沙尘暴，那是大概率事件，绝对要经常踩刹车、转向、寻新路。市场环境如何？发展远景如何？怎样才能生存？怎样打造百年老店？

1997 年爆发了亚洲金融危机，索罗斯横扫亚洲诸雄，惊吓了中国香港，逼得韩国民众捐首饰。

泰康也感到了震撼，扩张速度慢了下来。

对寿险市场，人民银行的撒手锏是降息，降了还降。

1997年10月23日，人民银行一下子降息1.8个百分点。许多保险人大喜，因为这就显出保险的高预定利率回报，是展业的大好机会。在11月的全国金融工作会议上，听说人民银行将在12月暂停旧保单销售，甚至有人撺掇去人民银行要求延长销售期限。

他们没有"利差损"概念吗？或明知这是陷阱，但卖了保单，佣金是自己的，将来可能的亏损是公司的，因而将错就错，灯火通明，加班加点，紧张刨坑。路线错了，越勤奋，越糟糕。

这惹恼了人保上海分公司总经理何静芝，"老业务亏得不得了"，请示了人保总部几次，未得到回话，何静芝便兀自把上海老保单停了。2003年，中国人寿在纽约、香港上市，高利率老保单被反复追责，并引发美国股民集团诉讼，令中国人寿老总王宪章头痛不已。

1999年6月10日，人民银行第七次降息，新成立的保监会也将寿险产品预定利率调整到年复利2.5%，并加强了对保险市场的整顿和规范。

寿险市场，前路茫茫。

插一句。几年后，在一次投资者说明会上，马明哲回忆这段故事时说：平安1994年6月开始做人寿保险业务，到1999年6月，其间销售了高利率保单，平均利率6.9%。2007年3月，中金公司的研究报告称："平安人寿仍将长期受利差损保单的困扰。根据平安的测算，在目前的投资环境和投资假设下，这些保单所隐含的亏损超过200亿元，而2050年前后的峰值时，亏损将在400亿元左右。"

1999年6月10日的2.5%的利率像一颗炸雷，高预定利率产品不好玩了，投资型产品遂大火，颠覆了寿险产品格局。分红险、投连险、万能险，搞哪个？银保合作如何？

泰康须在两个月内拿出新产品。

恰在此时，德国慕尼黑再保险公司董事长到了北京。一天早上，陈东升和黄新平去民族饭店拜访。德国同行建议，搞分红险。

这让泰康躲过一劫。

"瑞士再派了一个精算师许汉山，到泰康待了一个多月，帮我们做分红产品。大家都搞投连产品，我们坚持做分红险，欧阳总非常坚持，说这对客户是最有利的，当时香港大部分长期寿险都是分红险。这样，泰康推出了市场上第一个分红险产品——世纪长乐终身分红险。"黄新平说。

插一句。在投资型产品的选择上，平安激进，搞投连险，"千禧红"；中国人寿保守，选分红险，"千禧理财"；太平洋居中，启万能险，"太平盛世·长发两全保险"。

泰康组成巡讲团，全国各地路演。分红险是什么？靠不靠谱？分红系数是什么？政府怎么规定的？营销员济济一堂，问题五花八门，教室根本坐不下。在广州，干脆去了体育馆。

分红险也是模仿，是借鉴，借鉴到国外了。

国际化，这是生路之一。

AA 是不是花钱买来的？

实际上，陈东升最早表述专业化、规范化、国际化，是在1996年7月12日泰康人寿股东预备会上，那时泰康还未开业。及至亚洲金融风暴，陈东升说，保险公司是经营风险的，自身要规避风险，就必须专业化、规范化。

专业化就是要掌握专业知识、提供专业服务、塑造专业品牌。

规范化体现在拥有规范的管理、规范的流程、规范的服务。

模仿了，模仿得好不好，怎样检验？

1998年的一天，陈东升从报纸上剪下一个豆腐块给李艳华说："你办这事。"这是一家日本保险公司信用评级的报道。

泰康开业不到两年，哪里就用得着信用评级？能当吃当喝吗？大家都说，现在评也评不好，过两年再说吧。陈东升说："要评，我就是想学学，外国人这把尺子是怎么量一家保险公司的。有哪些要素？哪些标准？评级就是学习的过程，是验证泰康的过程。"

两年后募集外资时，大家才体会到，这个评级有用。

信用评级的主要指标是偿付能力。泰康6亿元资本金，完全没问题。

泰康请来了评级机构，"反正不怕挑刺，只付给最低的评级费"。原以为会是AAA，结果出来吓了一跳，是AA。李艳华去理论，方才知道，AA已是相当厉害了，难怪有人问李艳华："AA是不是花钱买来的？"

泰康是中国保险业第一家进行信用评级的保险公司。名声大振。

2001年5周年时，泰康再次获得AAA-的评级。

自此，信用评级进入保险业，成为投保人和投资者选择保险公司的一个指标。

1999年，泰康开始实施ISO9001（质量管理体系）认证。运行3年间，泰康建立了标准管理语言，规范了公司运营行为，为风险管控打下了底子。

2004年9—12月，国际著名的认证机构BSI（英国标准学会）审核确认，泰康全系统通过了"ISO9001：2000"认证的现场审核。

泰康又创了一项中国第一：第一家全系统获得ISO9001国际标准认证的寿险公司。

之后，随着ISO9001版本的升级，泰康也跟着追赶，重新梳理制定了400多个流程，确立了300多个质量目标，从产品设计、服务环境到培训、内部监控等，各方面都要符合管理要求。难的是，这些新的管理流程目标，要在泰康系统20多个分公司推行，新建机构也要赶上来补课。

陈东升多次宣示，ISO9001是一项长期工程，永远在路上，泰康一定要做成GE（通用电气）的"六西格玛"，实现安全、高效运营。

在评级和认证过程中，泰康捎带着产出了一个副产品——李艳华金奖。

2001年11月，在国际注册内部审计师（CIA）全球考试中，李艳华获第一名，摘取2001年度威廉姆斯·史密斯金奖。她是自1974年开考以来获得此奖的第一个中国状元。

04

外资挥起了内含价值大棒

从纽约人寿出来　你看你看陈董的脸

李艳华苦哈哈地干了好几年，祭出了泰康 AA 的高信用评级，又不辞劳苦地折磨自己、折磨他人，遍扫泰康上下，推行 ISO9001 认证。

这些物件有用吗？能当吃当喝吗？

泰康建立时注册资本 6 亿元，几年下来，很快就发现钱少了，不够花了，偿付能力悬了。

资金饥渴是企业家永远的痛。

插一句。泰康的同年兄弟永安保险，建立仅一年，1997 年 12 月 1 日被人民银行陕西分行接管。股东资本金没到位，注册资本 6.8 亿元，实际到位不到 1 亿元，何谈偿付能力？

1999 年 1 月 2 日，陈东升带泰康团队赴美，团队包括财务部总经理李艳华、人力资源部总经理朱彬、办公室主任刘永军。之前去美国大使馆面签，等了一会，说是美国国际商会出面了，不用面签了。

但在纽约人寿，杠上真格的了，美国人就没那么厚道了，大家亲眼看到老板是怎么痛的，怎么被折磨的。

当陈东升和纽约人寿董事长会谈后，从会议室出来，李艳华看到陈东升脸色发黑，默默无言。本来，泰康是去谈合作入股的，但纽约人寿提出的参股条件简单粗暴：当中国政策允许时，纽约人寿要控股，乃至收购泰康。

泰康怎么办？应该像刘禅，捧着玉玺，率百官出城献国吗？

或许，在那个时辰，纽约人寿有资格，因实力而简单粗暴。那是千亿美元级的大佬，居高临下瞅着 50 亿人民币级的泰康。

虽然遭此折磨，但泰康议定的募资，依然盯住外资。于是，信用评级 AA 和 ISO9001 认证，用以检视、规范乃至捯饬泰康，就是必需的了——这回就真的当吃当喝了。

1999 年 9 月，国务院和保监会批准泰康境外增资扩股。这之后，便是 16 个月的折磨。

在这 16 个月中，法律文件修改了 20 多稿，前后找了 14 家海外投资机构，准股东们进进出出、拉拉扯扯，往来电子邮件数百封，光电子文件资料就近 1 个 GB（吉字节）。

第一轮谈判，老外简单直率，对泰康的商业计划直接打了折扣，评估下来，泰康总价值 9 亿多元，每股才 1 元多。这和泰康聘请的募资顾问华信惠悦的评估结果差距甚大。外资准股东的领投者是瑞士丰泰，它的投资顾问是德勤。

业界以为，募资谈判最重要的不是认购价格，而是讲故事，要把投资者讲哭。海航的陈锋，在海航还只有一个飞机轮子的时候，就伶牙俐齿地把索罗斯的2 500万美元诳了进来。在保险业，王宪章笔直的身板、流利的英语，也使得中国人寿的纽约、香港上市路演大放异彩。

泰康的秀才们也想照此办理。刘挺军率领秀才们做了海量的市场研究和分析，编制了泰康第一个5年中长期业务规划：到2005年，泰康寿险的保费收入达到80亿元，保费市场份额达到4%，总资产175亿元，净资产20亿元，年利润12亿元，分公司26个，代理人7万名……

事后回头看，泰康的这个业务规划，对个险和团险业务的预测还是准确的，但没想到的是，之后银行保险的高速发展，助力泰康保费收入达到180亿元，资产规模达到500亿元。

然而，问题来了，激烈的市场竞争使得泰康展业成本大增，短期盈利没有达到预期。2005年，泰康净利润只有1.74亿元。

傻瓜，效益，效益，必须是效益。

"内含价值"是一条大棒　地律天条

老外似乎早预料到几年后，泰康出问题的会是效益，便直接驳回泰康秀才们的规划格局，还拎出另一个大棒，"Embedded Value"（内含价值）。这令泰康大大地惊奇了一把。

谈判时，老外务虚，同泰康讨论公司治理结构，宏观得很；但老外也务实，就是"内含价值"，却又很微观，不过一个小小的指标嘛。

泰康秀才们确实学过一些现代财务金融理论，但那是课本上的，战力有限。他们以为，老外拿内含价值说事，不过是他们的谈判伎俩，是讨价还价的筹码和过程。其实，老外是认真的，任性决定细节。

接着第二轮谈判，围绕商业计划预测和业务策略，争论再开。老外固执，甚至偏执得可笑。末了，老外同意接受泰康的保费发展计划，提高评估价格，同意每股5.8元的入股价。

但是，有个前提：大幅调整商业计划，包括险种结构、代理人规模、人均保费、件均保费、资产组合等。

老外的核心理念是效益，所有的一切都围着效益转：降低代理人和机构的发展速度，提高期交保费比例，降低中短期两全险比重，提高人均和件均产出，降低单位成本，提高公司盈利能力。

如何提升效益？这便是"大棒"，内含价值。

在这之前，泰康完全没有"内含价值"的概念，甚至整个中国保险业，都懵懂着。无论是期交还是趸交，是两全还是万能，只要是保费，扒拉到碗里的就是肉，来者不拒。

什么是内含价值？与企业定价中所采用的DCF（贴现现金流量法）相似，从公司财务角度看，内含价值就是有效保单现金流中股东可支配部分的现值。

再通俗些说，内含价值就是有效保单未来利润的折现——根据精算，每份有效新保单有一个未来利润，即未来利润价值，把这个利润价值折现到现价，就是内含在保单里的价值，加上净资产及其他一些财务调整，之后的总和就是公司的内含价值。

"当时我是泰康的首席精算师，一是做产品，二就是搞内含价值，外资股东非常注重这一块，做规划必须使用内含价值指标，我就依靠之前的海外工作经验，帮着泰康把这一套建了起来。"尹奇敏说。

虽然尹奇敏是加拿大精算师，之前在中国香港、加拿大、美国、荷兰的保险公司供职,但老外凭什么相信你尹奇敏?"推动内含价值确实很难,要触及很多人的利益。后来我们搞财务集中,换了一个财务系统,德国的SAP(思爱普),这样一方面推动业务价值转型,另一方面加强收支两条线,完善财务透明,要不我们那么多机构,怎么管呢?技术决定管理能力。"

在入资泰康的协议里,外资股东不仅要明确保费收入指标,还执拗地列入了内含价值指标。白纸黑字,地律天条。

不仅是白纸黑字,老外还要有保障措施,建立了延期、分期的付款执行机制,有点对赌的味道。

什么意思?外资入资每股是5.8元,但开始只给4.7元,还剩1.1元扣着,在未来4年里,内含价值每年增长不得低于30%,达到了要求,按年份支付,哪年达到就哪年支付,没达到就歇着吧。

2000年12月,泰康外资募股结束。12月20日,保监会批复:同意瑞士丰泰人寿保险公司认购8 000万股,占股10%;新政泰达投资有限公司认购6 664万股,占股8.33%;卢森堡洛易银行认购4 536万股,占股5.67%;软库集团认购800万股,占股1%。

这4家外资成为泰康的新股东,持股2亿股,每股5.8元,共11.6亿元。

按照《中外合资经营企业法》的规定,在合营企业的注册资本中,外国合营者的投资比例一般不低于25%。而保监会批准泰康的外资募股,是外资参股的中资企业,顶格"作案",外资的2亿股持股,占泰康总股本的25%。

增资扩股后,泰康形成了国有法人股东、民营股东和外资股东共存的多元化股权格局,就是后来流行的混合经济。

如果顺利,泰康的资本金将从最初的6亿元,增加到17.6亿元,实力大增。

但且慢高兴,按照入股协议,外资每股只能先给4.7元。2000

年 12 月 20 日，9.4 亿元到账了。

往下，看泰康的表现了。

插一句。1993 年大摩和高盛入股平安时也有若干条件，诸如：平安必须聘请国际会计师，财务透明，高管薪酬披露；员工持股计划，持股价格适中；5 年后外资可退出，若上不了市平安须回购股票，价格谈判……

要不调调报表？这个想法"很中国"

2001 年是外资入股的第一年，泰康保费超计划，但是，内含价值差了一点，"就差一点点"。

差根毛也不成。没达到？老外拒绝支付当年应付的入资款，歇着！

那时泰康穷，真等着米下锅呢。每股两毛多，很多钱呢。

泰康很生气，生气没啥用。内含价值就差一点点，要不调调报表？

这个想法"很中国"。

刘永军原是加拿大伦敦人寿保险公司北京代表处首席代表，被挖到泰康后参与了外资募股，他说："这个东西不能调。调也可以，得往前倒好几年，都给我调一遍。比如说准备金的提取，是按照预定利率 5% 制定的，其他精算假设、赔付率、利润，都环环相扣，怎么调？再比如投资，在国际会计准则下，泰康投资买入的那天，必须说清楚是持有到期，还是用于交易随时出手。回头你调整了，说改主意了，唬谁呢？"

什么是规则？规则就是地律天条，没有商量的余地，尤其是跟老外，你玩不成。内含价值理念、风险管控、国际会计准则，这些规矩是外资给泰康上的第一课。

每年泰康的报表要做两套，一套是报给保监会的，是按照中国精算和会计准则制作的，另一套是按照国际精算和会计准则制作，报给外国股东的。"每年都请国际四大会计师事务所（后来剩下三大了）中的一家来审计，过几年就换一家，免生瓜田李下。瑞士丰泰也要派精算师来评估，来签字。这个评估过程也成了业务战略分析过程。"

物美商城的张文中是泰康的股东。2008年张文中因涉嫌单位行贿、挪用资金及诈骗被起诉，判处有期徒刑12年。"衡水检察院来调查，我们配合，非要从这里查出张文中的事。他们要什么我们就给什么，一摞摞往上搬。他们说董事会不合法，我说合法，香港依据是什么，内地是什么，董事会决议是什么，检察院没在咱泰康查出张文中任何问题。我们有这个信心，因为我们把规矩放在第一位。"

2018年5月，最高人民法院改判张文中无罪。

插一句。要说调报表，在中国思维里，这是可以有的。

比如大庆联谊急着上市圈钱，做了一堆假资料——大庆市体改委把请示时间倒签为1993年9月20日，提前了3年；黑龙江省体改委把批复时间倒签为1993年10月8日，也提前了3年；大庆市工商局把颁发营业执照的时间改为1993年12月20日，又是一个3年；黑龙江证券登记有限公司为大庆联谊提供虚假股权托管证明；大庆联谊编制了股份公司1994—1996年的会计记录，利润虚增1.6亿元，还将大庆市国税局一张400余万元的缓缴税款批准书涂改为4 400余万元；还有哈尔滨会计师事务所，万邦律师事务所，大庆联谊主承销商申银万国……

大庆联谊玩花样玩疯了，终于出事了。1999年11月，涉案的

39人被处理。大庆联谊首任董事长张大生更惨。1997年11月，在大庆联谊上市后的首次股东大会召开前夜，张大生突遭枪击，侥幸未死。但他在住院20多天后，出院前猝死。此乃中国证券史上一奇案。

创新只能早走半步　不能走成烈士

"我们之前是用Excel（电子表格软件），后来瑞士丰泰派了一个专家杨海刚，在泰康待了好几个月，引进一套软件Prophet，翻成中文就叫'先知'，做模型计算内含价值。我们都很兴奋，跟着学，把公司的产品一个个放到模型里去，精准模拟，算费率，算现金价值，算准备金，算内含价值，和我们在Excel里的数据比对，对每个产品找不同的模型点，如不同的交费年期、不同的年龄等。这些模型点出来的指标，要求精准到小数点后面几位。2001年底，做出了第一份泰康内含价值报告。"小青年刘渠说，他后来成为泰康人寿总精算师。

2002年和2003年，泰康的内含价值指标都超额完成了，并且提前达成了2004年的目标。于是，提前一年把11.6亿元全部拿到手。

内含价值的概念是有了，规则也有了，但能否真正实行？

刘永军说："当时好多人说不清楚内含价值是什么，每年财务部会给你算一个数字，告诉你多少就是多少，大家不知道这个数字是怎么来的。"

究竟什么因素影响内含价值？可以断定的是，趸交不行，要做期交。期交里要做什么险种？哪些险种对内含价值有正面影响，哪些是负面的？还有费用、继续率，都有很大影响。

要把所有的东西都搞明白是困难的，依照内含价值来考核将士、上下游配合、改变泰康，也是要伤筋动骨的，是要冒险的。

刘经纶说："这要有一个过程，要根据寿险发展的不同阶段来考核。初期就是一个规模保费，后面是标准保费，再往后是新单价值，更进一步是内含价值。每个险种尽管年期都一样，但它的内含价值是有差异的，比如养老险、健康险、意外险、疾病险、生存险、死亡险，同样的年期，同样的保费，含金量是不一样的。因此，内含价值可以用来计算、分析，但公司内部很难直接用它来考核，原始社会就不能按资本社会来要求。"

之后，在泰康内部，以内含价值为目标，把公司战略与公司财务、公司治理、组织结构、绩效体系、报酬体系结合起来的价值管理系统开始起步，并缓慢地推行开来。泰康员工持股计划的行权条件，也和这个内含价值标准挂了钩。此是后话。

"在行业中，泰康是最早把内含价值引入的。从2002年开始，泰康从上到下，坚定地做期交，追求继续率，控制成本。我记得2006年保监会吴定富主席带着陈文辉一拨人到泰康，陈董做汇报，着重介绍了泰康的内含价值经营，从此这个指标在行业里流行开来。"刘经纶说。

创新只能比别人早走半步，走得太快，就成烈士了。如瀛海威的张树新。

"2011年我们把新单价值、内含价值这一套体系又扩展了，扩展到核心价值，这个名词是陈董首创的。核心价值以内含价值为基础，同时又考虑到费用效率和业务品质，业务品质包括赔付和继续率，这样不仅是前端销售，把中后台管理和销售也结合起来了，是一个综合价值体现。后来很多公司也用这套东西了。"刘渠说。

你再能干也不怕　因为我是真老板

1996年泰康筹建时，在《投资入股合同》里有一个条款："鉴于嘉德国际拍卖公司独立承担了公司申报组建期间的全部工作和风险投资，允许该公司在未来3年内资本金到5 000万元。"

此次募集外资股后，顺带将这个期许条款做了实现，嘉德国际拍卖的占股，从1 000万股增加到5 000万股。

当时写入此条款时，有的股东并不乐意，是在陈东升的反复坚持下才通过的。在中国，对企业创始人的保障，确实没有法律依据，业内也没有形成惯例，弄不好就成了原罪。

"这些年我一直在观察，无论美国还是中国，无论近代还是现代，从公司治理角度来看，经营最好的还是那些创始人、大股东、经营者和创新者融为一体的公司，比如伯克希尔·哈撒韦、脸书、谷歌，比如阿里巴巴、腾讯。这样一种结构，有着很顽强的生命力和竞争力，而且也往往容易成为技术创新的主导者和推动者。这样的企业，起码在这个企业家经营的周期和寿命里，可以达到高点。"陈东升说。

创始人如何才能与经营者和创新者融为一体，推动企业偾张前行？股份，必须有股份，有大股份。

在与外资谈判中，治理结构是重中之重，如股权结构、董事会结构等。一老外说："即使不谋求控股，也要让一切处于控制之中。"这也是一种典型的东西方文化差别。

泰康最初很"菜鸟"，以为办公室主任比董事会秘书重要，所以办公室主任兼董事会秘书；后来弄明白了，董事会秘书比办公室主任重要，才改为董事会秘书兼办公室主任。

更重要的一个职务是CEO（首席执行官）。

当时中国的《公司法》简单粗糙，董事长除了召集董事会会议之外，就没什么事做了，董事长成了摆设。泰康如何破此困局？美国有CEO，其中最有名的是杰克·韦尔奇。就照此办理。

于是，在保险业内，陈东升是第一个经监管机关正式批准的寿险公司CEO。

泰康聘请华信惠悦系统化改革了公司的治理结构，明确CEO的最高行政首长职能，确立了董事会、独立董事、监事会、专业委员会和管理委员会结构，又梳理了报告体系和责任体系，从CEO开始，又搞了COO（首席运营官）、CFO（首席财务官）等首席制角色，这样，泰康完善了股东大会、董事会、执行层的上下管控，完成了公司治理结构的国际化进程。

段国圣在保险业内被誉为投资第一人，他掌舵泰康投资战车，一干20年。

陈东升曾对段国圣说："你掌控这么大的盘子，在这个岗位能干20年，在别的地方行吗？老板会放心你吗？我就不怕，你段总再能干也不怕，因为我是真老板。"

"的确，我们这种体制能够让很多人形成他的专业，陈董就讲，什么叫核心竞争力，就是你干得比别人早，你一直很认真地干，别人怎么追得上你？我赞同他的观点。我昨天见一个我原来的学生，他在一个大公司负责养老社区投资，气得要死，说做养老社区他们动手早，像苏州阳澄湖拿地比泰康早、比泰康便宜，但他们的头儿意见有分歧，又三两年就换一拨头儿，进展缓慢。泰康的养老社区一开业就住进了很多人，而他们的就差远了。他很羡慕泰康。"段国圣说。

应惟伟曾在体制内工作,后来被陈东升拉到泰康做高管,对两种体制的风格有不同的感受。他说:"我原来在体制内,每个月都得请客吃饭,接待各路人马,到泰康后,一年的招待都是有数的。因为陈董有时就会叨叨说,谁谁谁乱花钱,我很在乎他的看法。企业是他的,他在意也是合逻辑的。"

体制内的企业,冗员冗官是普遍的,一个部门的头儿,一正一副是精炼的,有时候是一正三副、四副。应惟伟说:"体制内很多时候是空转,就一堆官,后面跟一堆活,但是很多事是没用的。泰康很多部门都没有副手,所以泰康的干部就很少,泰康保险集团有17个部门,一个500强的企业,有240亿利润的企业,不算IT和运营部门的话,集团才200多人。"

"邢台德龙钢铁接了天津破产的渤海钢铁,说接了之后才知道,渤海钢铁光局级干部就有几十人。"

讲讲渤海钢铁。

2008年有"4万亿刺激计划",2009年就发布了《钢铁产业调整和振兴规划》,要做大做强。当时天津有四大钢铁企业,包括天津钢管集团、天津钢铁集团、天津天铁冶金集团和天津冶金集团。其中天津钢管很了得,它的竞争对手是欧洲瓦卢瑞克·曼内斯曼钢管公司、日本钢管联盟、阿根廷泰纳瑞斯公司这些国际市场巨头,实力全球一流。

2010年7月,领导拍板,4家企业合并为渤海钢铁,还从8家银行拿到了1 000亿元的授信额度。有政府背书,钱来得轻巧。2014年,渤海钢铁闯入《财富》杂志的世界500强,排名第327位,第二年更进一步排名第304位。接下来,应该是一路高歌猛进了。但不幸的是,4家企业"拉郎配"后,文化、财务、组织冲突不断,充满曲折。

比如,4家正局级大国企虽降为副局级,但官威不减,谁也不听谁的,大家都拼命借钱扩产。但整个钢铁业是产能过剩的,2007年利润率是7.26%,2011年是2.42%,2015年是-2%,干得越多亏得越多。几年间,渤海钢铁负债1 920亿元,债主有105家,一大堆银行、信托公司和上市公司踩雷,天津本地金融机构集体沦陷。2015年天津市一般公共预算收入只有2 667亿元,地方政府填不了这个坑了。2016年4月,渤海钢铁被拆分,2018年8月,进入破产重整程序。4年干成世界500强,再4年后又破产了,8年搞出一个约2 000亿元的大窟窿。

从始至终,渤海钢铁没有真老板。

泰康也是世界500强,从6亿元起步。

陈云写信 尊重那一丁点的私人资本

泰康成立时,公司章程只有几页纸。外资入股后,章程变成了几十页,含97条。

"泰康创始,整个中国都没什么经验,所以那时候我们的公司章程、合同书,基本上就是按《公司法》和《股份有限公司规范意见》来的,当时就只能照抄这些条文。而国外的股份公司经历了100多年的发展,遇到过各种问题,所以它们的条款非常严格、精细,把公司治理发展过程中可能遇到的各种问题,包括股权纠纷、董事意见分歧、股东造反等会给企业造成不安定的潜在因素,都考虑到了。"

反之,如果大股东有了二心,企业治理结构有问题,其他股东和经营层完全没能力制约,这日子怎么弄?

东方人寿是2000年10月批筹的4家对接世界贸易组织（WTO）的壳公司之一。然而，2004年8月，台湾人寿入资东方人寿2.6亿元，刚开业即被停业，原来是持有东方人寿18.75%的股权的大股东"德隆系"崩盘。事后查明，东方人寿8亿元的资本金中，有7亿元交给了"德隆系"的证券公司理财，几乎血本无归。

2004年，保监会主席吴定富一口气批筹了18家保险公司，各路人马，各种甘苦。

张维功创立阳光财险，当他兴冲冲地从广东保监局局长的位置上辞职北上，才发现股东们挖了个坑，3天苦思后，他一咬牙，退了租住的酒店，退了允诺给自己的股权，当然也退了最初的5家股东。在前后谈了300多家股东后，张维功终于寻下中石化等新股东，"很符合现代企业法人治理结构"。

乔林也郁闷过，很多资本都是抱着炒牌照的目的投资保险业的，先拿牌照，然后在一年筹建期内把牌照溢价脱手卖给他人。所以，这些股东根本就不会把资本金如期打到位。另外，保险需要长期投入，但很多人都喜欢短期操作，没耐心。筹建时，有股东私下拉帮结派，图谋掌控。幸好，后来乔林的国华人寿也修得正果。

但也有人一起步就被拍在沙滩上。在18家批筹的公司中，国信人寿的管理团队被认为是梦幻组合，严峰任董事长兼总经理，几位副总经理均在业内颇有影响力且年富力强。但不幸的是，2005年4月，严峰突然辞职，此时国信人寿已经在北京首轮银保网点切分大战中以93个网点的战绩初步告捷。7月，国信人寿宣布停业，遣散员工，清算资产。至于其中原委，业内流传最多的是严峰和董事会的矛盾。

一些新起的保险公司往往走了这么一条路：以银保为主渠道，通过偏理财型产品迅速做大规模，站稳市场，资本金消耗了，便启动增资，然后股东们就会因增资比例、引入新股东等争执不休，这种争执大概率将波及管理层的人事架构，然后走人散伙……

陈东升说："我从做泰康第一天起就非常重视股权结构，找股东就像找对象，股东不和就会扯皮，企业就会受影响。所以找股东要找富贵人家，要找最优秀的企业，像泰康的外资股东新加坡政府投资公司，从 2000 年进入后就没有离开。后来互联网企业的发展方式是速成的，不断融资，拼命融，股权也一轮一轮地被稀释，股东不稳定，这对公司的治理结构是挑战。"

插一句。

中华人民共和国成立之初，也极重视治理结构，极尊重股权。1950 年 1 月 21 日，中央人民政府政务院财政经济委员会主任陈云和副主任薄一波、马寅初，回复了人民银行行长南汉宸和副行长兼中国人民保险公司总经理胡景沄一封不过 300 字的公文："关于处理中国保险公司事，所拟将中国产物保险公司改隶到中国人民保险公司内，以利用其开展海外保险业务。经研究我们认为：中国产物保险公司为中国银行所设立，且中国银行尚有私人股份，其领导关系的变更须经董事会决定，目前新的董事会尚待组成，故仍暂维现状，俟董事会组成后再做考虑……"

此文所说的"中国保险公司""中国产物保险公司""中国银行"，都是国民党政府时期的金融机构。实际上，经过几十年的风风雨雨，设立"中国产物保险公司"的"中国银行"，私人股份只剩个位数，90% 以上都是可剥夺、可没收的国民党官僚资本。

但是，对"中国银行"的那一丁点的私人资本，中共领导仍极尊重，拒绝急功近利。

陈东升跑过去敬酒　欢迎和泰康一起赚钱

入股泰康，外资不仅关注股权结构、董事会结构这样的基础问题，还极重视程序性问题，如公司经营层的职权分配、股东大会、董事会通知程序、适用语言、关联交易回避制度、信息披露、审计、消极否决权、优先认购权的执行程序等问题，这些问题都在章程里有大量笔墨。像股东大会议事规则，董事会议事规则，提案由谁提、怎么提、什么时间提，以及会怎么开这样细碎的内容，都要写进去。

李艳华说："虽然外资私募不是公开上市，但我们都是按上市那一套来做的，财务、账目都是很清晰的。外资非常看重风控，要求建立风控模型，我们又去瑞士学习，把'风控'的概念引进来，我们的财务体系、风控体系基本上是欧盟的体系。后来，我们还参与了一些监管文件的起草。"

作为总裁，刘经纶那时经常要跟老外股东打交道："外资入股后，权利和义务，这也是一种博弈。比如瑞士丰泰，在外资里它的股权是最高的，章程规定，它虽然没有决定权，但有一票否决权，好事不成，坏事有余，它不同意你就办不成。这个对泰康也是很痛苦的，陈董不能强制做什么，也不能掖着藏着，必须按规矩来。比如做银保，瑞士丰泰一开始也不同意，反复做工作，后来才慢慢同意了。"

陈东升经常盘算，公司经营要兼顾各方的平衡。首先是做监管的好孩子，要遵纪守法；还要让股东挣到钱，要不人家凭什么拿钱冒险跟你干这个事；得让员工有发展，大家是要养家糊口的；得把客户照顾好，要是你的服务那么烂，产品那么差，客户凭什么买你的产品；还有社群、街道、利益相关方、供应链、上下游，不能逮谁坑谁。一个公司要做好，这些方面都得理顺了。

陈东升说："说实话，我处在强势位置上，我坚持的东西，不太会有人来阻拦。但越是这样，我越要谦虚，听取各种意见。我会坚定维护独立董事的权利，对于他们的异议我从不发表意见，不去影响他们在董事会的表决。这20多年来，我从不做经营报告，各种报告都是由COO、CFO、首席投资官来做，让董事会秘书、首席合规官、首席风险官来做。对很多事，不同的人会有不同的理解，但这种不同会让大家的思维更加完善。一个好的董事会应该有这样的氛围。"

泰康的董事会和监事会成员里，既有企业家、资深的精算师、大会计师事务所的前合伙人，又有投资银行家、经济学家和IT的"大牛"。"一个一流的董事会，一定要考虑到知识结构的互补。比如宽带资本董事长田溯宁连续三届担任泰康董事，联想集团董事长兼CEO杨元庆也是IT领域的一流企业家。再比如，胡祖六既是投资银行家，又是一流的经济学家。还有监事长马蔚华，有极为开阔的视野和见识。"陈东升说。

2001年3月，著名经济学家董辅礽当选泰康独立董事，成为保险界首位独立董事。

泰康的独立董事不是摆设，每次董事会，独立董事的每句话都会在整理后写入会议文件，交给董事签字确认，这既是免责条款，又是如山铁证，独立董事自然要珍惜自己的独立性。

独立董事的独立性来自其专业的骄傲。一位独立董事曾担任新加坡政府投资公司总裁，是投资界名人，另一位是友邦保险的首席精算师，是华人精算界的鼻祖。一次开董事会，议案上的数字，第三页和最后一页不一样,独立董事一眼就挑出来了。另一次董事会上,一位独立董事对一项业务提出质疑:"不赚钱,为什么要做这个业务?"无论怎么解释,这位独立董事仍坚决不同意,拒绝签字。

朱久华是董事会办公室主任,他记忆深刻的一件事是:"2002年泰康提出设立资产管理公司,第一批去申请。瑞士丰泰提出和泰康合资搞泰康资产,占股25%。陈董想,都是泰康的股东,瑞士丰泰单独搞不合适。但陈董也不跟它搞翻,反复沟通,为这事,上过5次董事会,拖了好几年,所以泰康是第二批拿到资产牌照的。"

据说,泰康历史上从没搞过强行表决。"陈董说,股东反对的事要反复沟通,一次不行就两次,直到大家都同意。"

陈东升对股东总是彬彬有礼的,海南华侨的泰康股份被司法拍卖,九鼎接手了,只有一点股份。酒会上,陈东升跑过去给九鼎的股东代表敬酒,说欢迎和泰康一起赚钱。

插一句,泰康的小伙伴——新华保险也同时完成了境外募资。

1998年底新华正在铺机构,缺钱,关国亮出任新华董事长,提出引入外资。当时是想将公司的原始股向外资转让一部分,几经论证,变转股为增发,把几次操作合而为一。2000年8月30日和9月27日,新华以每股5.2元,分别与苏黎世保险集团、国际金融公司、日本明治生命保险公司、荷兰发展金融公司4家外资机构签订招募24.9%股份的协议,资本金从5亿元增加至12亿元。

05

沿海战略债张 4 000 网点

AIG 搬出"祖父条款" 要求给新机构全资牌照

在 2000 年 4 家外资入股泰康的当口,背后一个更大的棋局已然铺开。

1992—1998 年,保险监管层只是零星批了几家外资保险公司在华开业,地点集中在上海、广州。

其间,批设的外资保险公司多是合资的,双方股比各占一半。只有第一家敲开中国市场大门的 AIG(美国国际集团)旗下的友邦保险是个例外,在上海、广州、深圳拿到了 100% 全资牌照。

那是 1992 年,一个需要破冰的时期,对友邦保险入华,有着保险之外的诉求。

1999 年 4 月,朱镕基总理出访美国、加拿大。出访前,中国政府前所未有地一口气批了4家外资保险公司在华筹建机构。

这一年中国保险市场对外开放的加速，是与中国加入世界贸易组织谈判裹挟在一起的。从1986年开始的恢复中国在《关税及贸易总协定》中的缔约方地位和加入世界贸易组织的谈判，到1999年已进行了13年。在谈判桌上，无论中美还是中欧之间，保险一直是一个重要砝码，锱铢必较。中方把寿险当成关乎国计民生、金融全局的重地，外方亦把它看作一个富矿。

2001年12月11日，中国正式成为世界贸易组织的第143个成员。

似乎是一个仪式，几天后，2002年新年之前，又有6家外资保险公司拿到了进入中国市场的许可证。

但与老外打交道并不都是和谐的，时常有激烈搏杀，甚至是痛苦的。

事后，中国加入世界贸易组织谈判的首席代表龙永图在对外经济贸易大学发表演讲，回忆谈判过程时说："我的血压'腾'地就上来了，凭什么就得给他们保险牌照？我们中国是个主权国家……"

据说，在加入世界贸易组织谈判的最后关头，又是AIG跳出来作梗，搬出"祖父条款"，要求中方给友邦的新建机构全资牌照。

给了你AIG，欧盟怎么办？其他外资怎么办？我们是个主权国家啊。

紧要关头，中方谈判小组深夜给保监会领导打电话，希望领导能飞去美国，与AIG董事长格林伯格聊聊。保监会领导说："我不可能去美国说服他，他到中国来做业务，是我监管他，我给他做做工作。"

伤了感情啊。

2002年6月7日，友邦保险北京分公司开业。当天早上8点30分刚上班，格林伯格便登门保监会。保监会派了分管国际事务的副职见格林伯格，上来第一句话："我只有15分钟，9点钟还要开会。"当天的开业仪式没有保监会的人到场，只有北京监管负责人出面念了稿子，强调友邦保险北京分公司必须依法经营。

我们让老外感受热情　他们问多少钱

保监会早已领教了谈判的艰辛，料到了外资进入后对自家保险企业的挤压、冲撞。求人不如求己，要早做打算。

2000年5月10—12日，在北京杏林山庄，保监会组织了一期"保险高级管理人员WTO培训班"，参训的都是中资保险公司的头儿。

培训班请了专家学者和对外贸易经济合作部官员，介绍世界贸易组织的起源、内容、原则及谈判历程，分析利弊，展望前程。

在分组讨论时，居然冷场了15分钟，大家都有点蒙，不知如何开口。

从计划经济的人保独步天下，到人保的惨烈分拆，再到几十家保险公司的厮杀江湖，忽地大门敞开，群狼龇牙，波诡云谲，保险人能说什么？

然后，一家寿险公司的老总开局说："寿险业是一个长期慢积累的过程，太心急未必有好处。与外资比，不管从哪个角度看，你都是婴儿，人家是巨人。但是从家电行业走过的历史看，开放越早越好，能有机会提高竞争能力，经过10年，成为强者。"

两方面都点到了，"片儿汤"。

另一家寿险公司正在对外招股，董事长说："最大的问题是观念问题。欧洲大公司的老板们来访，我们好好接待他们，让他们看看公司的实力、热情和管理情况。虽然是在公司食堂吃饭，但要让他们感受中国饮食文化的博大精深。我们搞了一些雕花等工艺，感觉不错。结果他们反馈：'你们这么吃得花掉多少成本？从机场过来一路警车开道，我们在欧洲从来没有这个待遇。'"

是的，没有好好学习毛主席语录："革命不是请客吃饭。"

一家合资寿险公司的中方董事长说："合资公司经营了两三年，亏掉了1个亿，把资本金亏光后就要注资，外方愿意继续投入，但中方股东对'8年亏损'这个说法不接受，急着回本，不乐意追加。外方把我们的干部送出去培训，这些人回来后净帮着外方说话。"

接近重点了，嚯嚯。

一位保监会领导说："这次会议的重点是研究保险业迎接挑战的应对措施。说'挑战'是好听的，实际上是'困难'。机遇当然也有，比如我们也可以走出去。太平洋、平安出去过又回来了，人保一直有海外机构，在欧洲承保了几个华人餐馆，能养活自己就不错了。现在已经进来的几家外资公司，我都看过，横向比，我们的管理差得很远，不是一点点。比方说，外资公司没有发生过经济案件，我们中资公司呢？会开得少吗？文件发得少吗？我们还有一支纪检队伍呢！难道外资公司的人不贪钱？但好像有一层玻璃隔着，想贪钱摸不着，他们内部规章制度很健全。我们呢？一个县支公司经理的办公室，比友邦上海分公司总经理的办公室都大、都气派。这样的外资最可怕，更难对付。"

说到点子上了，中外的差距不仅是硬件。

2000年10月，保监会一次批准恒安、东方、生命、民生4家公司的从业资格，把它们作为"合资寿险公司中方主体"，先备好了四个壳。与其外资进来乱打乱撞，莫如盖好新房，招婿倒插门。

接着，2001年中国加入世界贸易组织之前，保监会一次批筹了中资保险公司在各地的数百家分支公司。新华、泰康都批了100多家，永安保险、新疆兵团保险也批了不少。兵保出疆，原来的"区域性公司"的概念，废了。

上阵要靠父子兵。

如此大幅度开闸放水，甚至超出保险企业的期望和意愿。

公司说："我们眼下没想设这么多分支机构，能力也达不到啊！不是有规定，批设后筹建期半年，根本忙不过来，咋办呢？"

问什么问，凉拌。

批了23家分公司 哪里有那么多干部

泰康是这盘围棋中的一枚打劫之子，是象棋中的一门炮。

2000年底，泰康紧赶慢赶完成了外资入股，粮草先行，这貌似是天意。紧接着，就撞上了内资大扩军的政策窗口。"有些人一旦错过就不在。"刘若英唱道。

2001年，泰康提出沿海发展战略——"一线巩固，二线崛起，三线决胜"。

"政治路线确定之后，干部就是决定因素。"泰康人力资源部总经理苗力说，"保监会给我们批了23家分公司，哪儿都缺总经理，泰康自己没那么多干部，只能就地取材，各地去跑。一般我们在发达地区找，北京、上海、深圳、成都，从平安、国寿、太平洋去挖。标准嘛，第一个在当地市场他的业绩要好，是靠打仗打上来的；第二个至少是本科毕业，全日制本科；第三个就是认同泰康的文化和理念，价值观相同。"

但有一条，谁要是主动递简历，就得警惕了，基本不要。苗力说："他一定是被边缘化了。"

泰康派出小组，在4个城市阵前督战。"一个月我们招了40多个人，然后到北京集体面试，泰康高管全体参加。我也怕我眼拙，怕出纰漏，那么大的责任。"苗力说。

末了，一下子录取了二三十人，这些人成了分公司的骨干。

"锅盖可以来回来去盖了。"陈东升说。

苗力在太平洋保险的分公司做过领导，又在总部做过集团化改革，基层和总部都干过。她说："我们组成几个小组，如业务组、运营组、人力资源组、电脑组，一家家去督导，把人、财、物、流程拎清楚，然后到当地保监局送材料，小推车一车车送，申请开业。先做了几家，然后复制，再复制。那时候特别高效，有时几天几夜住在办公室，整个过程没走任何的弯路。现在让我再建23家机构，想都不敢想。"

胡昌荣已经从武汉调任泰康北京总部，任副总裁兼人力资源总监。他说，沿海战略启动，是泰康第一次遭遇人才饥渴，公司刚起步，全国开分支机构，最缺的就是开疆拓土的中层以上干部。平安的一批干部就是在这个时候到了泰康的。这里就有了一个文化融合问题，平和稳健的泰康文化能否包容得下彪悍激进的平安人？

胡昌荣、苗力等人后来又搞了千人计划、百川计划、青干班、中青班等。战略定了，干部人才是关键。

最近几年，大健康战略日渐清晰，陈奕伦、李明强、谷昂晟等哈佛大学、哥伦比亚大学等海外名校毕业的青年才俊也纷纷加盟泰康。此是后话。

你业绩再上不去就把你撤了

泰康开疆拓土沿海战略，急需战将了。李朝晖先是在泰康江苏分公司当副总，又有机会独当一面开辟新战场，他提着5万元现金就奔长春了。那些现金真的是纸票子，当时泰康财务打公款都是打到招商银行，偏偏长春没有招商银行，只得辛苦胳膊了。

"我长这么大没有去过长春，下了飞机，先找个报社打个广告招聘，然后买手机卡、租房子、装修。当地人跟我说，装修得往前提，不然一下雪就没法干了。我不信，才9月啊，但10月1日真下雪了，我都快疯了，开不了业老板还不骂死我……"李朝晖说。

招兵买马，让李朝晖印象最深的是许敬芬，她是一汽一个分厂的工会干部，牛哄哄就来了。"我就把她打击了一下，她说：'我试干行吗？'我说不行，试干没钱。她说没钱她也干。后来她果然干得很牛，现在还很牛，我俩是不打不相识。"

进泰康前，姜敏在金融学院教了5年书，在日本第一生命保险公司待了5年，来泰康操持培训，自诩开的是"黄埔军校"，高大上，忽然被陈东升发到河北，一竿子插到基层。

"我是从东京到北京，又到中京，我们筹备组在石家庄中京宾馆。我搞培训时有一辆破捷达车，我们就开着那辆车奔石家庄，开到保定车就趴窝了，一桶一桶拿水浇，我印象特别深。"

沿海战略最成功的一是云南，二是河北，河南、山东也不错，都不是顶级发达地区。"河北是3年打平7年滚动。为什么是7年滚动？因为有续期，做寿险最大的魅力就是做续期，我在日本的时候，对这一点体会特别深。其实，保费只是队伍的副产品，队伍稳定是决定的因素。"姜敏说。

汪刚也是泰康总部派下去的，2001年出战重庆，他随身有"三宝"，一是保监会的批文，二是一张5万元的现金支票，三是盖了章的空白介绍信。

那时重庆已经是直辖市了。汪刚先到市政府报到，见了分管金融的副秘书长，表示泰康响应党的号召，支持中西部发展，支持重庆发展，把机构建在重庆，要造福一方，请政府给予指导和支持。然后他又去重庆保监办（后改为重庆保监局）。

领导当然先表示欢迎，然后讲了一番话，让汪刚记一辈子："你们是北京的企业，从北京来，你们都讲普通话，我们讲重庆话，但到了重庆，你即使暂时不会讲重庆话，你也要听得懂重庆话，这个意思你听懂了吗？"

汪刚连忙拱手说："能听懂，我今儿就是来认门、拜码头的。"

之后，开始建机构的常规动作，办工商执照，5万元往银行一存搞个存折，搞个财务章，上报纸登广告。"当时就一个人、一个包，公章、财务章、私人章、支票本、营业执照都在包里，满世界走，就是个'皮包公司'嘛。我记得5万块钱用完后，当时公司的账号还没有搞好，我就给家里打电话，让寄5万块钱过来。"

汪刚住的地方是100元一晚的宾馆，屋里就一张床，卫生间是公共的。白天把西装一套，把人约到四星、五星的酒店大堂谈话，问起来就说住在楼上……

汪刚说："登广告招的都是一般人，最难的是人才，要找高层次的人就要点对点地去挖。怎么挖？无非是封官许愿、职业规划什么的。我天天就在想这个事，吃饭睡觉都想，做梦也是这个事。请人家吃火锅，火锅最便宜，我一天吃上好几顿，辣得我拉肚子了。"

重庆的分公司开业第一年，汪刚只招到790个人，连个整数都没搞到。业内实行高举高打,新机构每到一个地方,就挖大批同业来,一弄就是几千人、上万人的开业,业绩一下子就飞起来了。但这些人多是买来的,是冲开业优惠的刺激政策来的,搞上3个月、半年的,好多人就走了,反复地洗人,当时大家都这么干。

汪刚死拧,埋头干,不着急,先把基础打牢,把规矩立好。第一年汪刚没完成任务,差了几十万元。对一个保险公司来说,几十万元啥也不是,调调账就成了。"我记得我的副手也给我出过这个主意,但我没干这个事,我这个人一根筋,有底线和原则,有些事是绝对不能破的,要有敬畏之心。"汪刚说。

汪刚怕的是路走错了,他说:"我问了好多泰康伙伴,也找了很多同业高层,找了许多业内高手。有人说,汪刚你错了,搞什么基础建设,你一开场就得把业绩搞好,把正负零以上的工程做好、做漂亮,你就立得住脚。"

汪刚记得,那一年老板给他打了3次电话,说:"汪刚,你业绩再上不去就把你撤了。"汪刚说:"这里面有两个因素,第一,我的业绩确实不好;第二,我是湖北人,又是他的武大同学,是唯一一个泰康自己出的分公司总经理,我的业绩不好,丢人呀,他脸没处放。我对自己说,只要熬过这个坎儿,我就会比别人走得更快,跳得更高,但这个时候,我宁肯趴着,飓风过岗,伏草唯存。"

果然,好日子来了。汪刚说:"第二年开始我完成任务了,第三年开始,我一直都是每年刚到10月,全年的营销任务就完成了。就是在最糟糕的时候,好多分公司都困难的那几年,重庆的业绩一直都很好,没再让老板担心过。"

汪刚曾和高盛的人讲这些故事,老外听得发蒙,无法相信,无法理解。汪刚说:"西方要成立一家分公司,要论证,要走那么多繁复的流程。我们呢?上头给你个番号,或是几块大洋,你自己去招兵买马,呼啦啦就扯出一支几万人的队伍来,天不怕,地不怕,占山为王。我感觉，这必然带有原罪，带有草莽，带有一些劣根性。这是中国企业和中国组织天生的毛病。当年中国金融机构，包括银行，都是这么干起来的。"

实际上，汪刚并非草莽，他本是湖北省委政策研究室处长，学历甚高。两个硕士生相当于一个博士生。汪刚有两个硕士学位。他说："除了精算、财务没干过，其他我都干过，个险、团险、银保、健康险，从普客到高客，从IT、客服到培训、核保核赔，我都管过，我还经历过5家分公司。"

2001年汪刚进重庆时，那里有国寿、太平洋、平安、新华，泰康是第五家。汪刚是2009年12月离开重庆的，之后接手泰康浙江分公司。2008年时，泰康重庆分公司的新契约保费已是第三了，前面只有国寿和平安了。

寿险营销　莫要菜瓜打锣——一锤子买卖

在保险业正急速前行时，隐含在保险业深层的忧患浮出水面。

2002年2月25日，《经济观察报》发表文章《平安保险能否平安化险？》，报道发生在福州的投连险退保事件。

1999年10月，平安推出国内首个投连险产品"世纪理财"。在当时银行降息、保险公司停售高预定利率产品的背景下，平安的这款非传统产品十分抢眼，短时间内获得大卖，在各大城市攻城略地。

但从2001年下半年开始，股市走软，投资账户出现亏损，一些销售误导和"不理性投保"的案例随之出现。福州发生了一起退保事件：2001年上半年平安一位王姓业务员向一位李姓客户推销投连险，承诺"18%以上"的投资回报率，李姓客户及朋友总共投资16万元。但到年底发现亏损2万多元，于是向福州保监办要求全额退保，最终平安以王姓业务员"个人退赔"了结。

福州退保事件后，2002年三四月间，平安行文保监会，提出保险营销员超越代理权的行为不能由被代理人（保险公司）负责，也不构成表见代理，因为表见代理的构成要件之一是"相对人在主观上善意且无过失"，而保险条款上写明："任何人所作与本条款意思不符（超出或不足）的说明均为无效。"由于投保人已签字认可，所以投保人应为自己的行为负责。

对此，保监会的复函简短而富有意味，大意是：根据《保险法》第某某条的规定，保险人应对代理人为其代理业务的行为负责，请你们在学好《民法通则》《合同法》的同时，组织学习好《保险法》。

字少事大，老辣！其间，保监会又发布《关于严厉制止寿险营销员误导欺诈行为的紧急通知》。

《经济观察报》的文章发表之后，2002年4月8日，《中国青年报》亦发表文章《欺瞒是我们追求业绩的手段》，以武汉某寿险公司营销员"白小芳"的口吻，自曝内幕：入职时被公司洗脑，魔鬼训练；展业之初先做父母和老同学、老朋友、老邻居的生意；业务员主要收入是"底薪+佣金"，扣掉层层佣金后，客户所交保费便所剩无几；营销手段以编故事、误导为主……

媒体热炒后，投连险市场突变，退保潮波及其他城市，其中还有上海平安营销员在政府机关、电视台上访的事件。

对于这两个由寿险营销引发的事件，马永伟多次在不同场合用一句歇后语来形容：保险业如果不重视诚信建设，那将是"菜瓜打锣——一锤子买卖"。

2002年9月，保监会首任主席马永伟去职，吴定富继任。

1998年保监会成立时，吴定富以副部长级出任第一副主席。2001年初，吴定富调往中纪委任秘书长，之后又回归执掌保监会。

本来，中纪委这样的机关，给人的概念是"勒缰绳"的，而不是"甩鞭子"的。吴定富出任保监会主席，应该不是来加油的吧。但上任伊始，业界就能感觉到吴定富的理念明显与前任有很大的不同。

2002年11月28日，《中国保险报》在头版发表文章《吴定富逢会必讲发展》，文中写道："在一个多月的时间里，吴定富在各种场合谈发展问题：到三个国有保险公司调研时，他要求国有公司加快改革，发挥优势，争取更大发展；给三家外国保险公司颁发'入场券'时，他希望洋保险们把先进的技术、产品和服务带到中国来，共同促进中国保险市场的发展；在见到记者时，他希望新闻媒体围绕发展这一主线多做报道；在上周召开的保监会系统学习贯彻十六大精神会议上，吴定富更是大谈特谈发展问题。"

吴定富认为，那时的国际国内形势对保险业发展十分有利，加快发展是必然趋势。如果看不到这种趋势，还是按传统模式、传统思维办事，将会坐失良机。只要思想观念对头，政策对路，完全可以实现跨越式发展。

保险从业者要"想全局、干本行，干好本行、服务全局"。吴定富的这个理念后来被行业奉为圭臬。

做大做强保险业。从此，保险业开始走在"做大做强"的大道上，却由此引发了2004年《中国保险报》"做大做强还是做秀"的一桩公案。

要规模还是要效益？要速度还是防风险？这些问题注定继续纠缠着保险业。

抓住窗口期　5亿元铺就4 000网点

在保险业疾进的风口，泰康抓住了两个关键：境外募资，囤积了粮草；跑马圈地，搭建了平台。

2001—2003年，泰康陆续在济南、郑州等地成立了23家分公司、159家中心支公司，完成了全国机构战略布局，搭建起总分支三级营销服务网络，机构、网络和人力规模迅猛扩张，保费连续3年大增长。

2003年，泰康保费收入突破百亿元，步入大中型保险公司之列，奠定了泰康做大做强的基础。

"泰康大概拿出5亿元在全国铺设了4 000家网点，泰康也因为租房和经营成本扩大亏损了两年，第一年亏了600万元，第二年亏了4.5亿元，但回过头来看，这个成本非常低。过了这个政策窗口期，就再不会来了。"陈东升说。

世界上的经济体，要想快速扩张，无非通过两种方式：一是利用自己的核心技术和独特管理模式，进行多元化、连锁化拓展，实现企业裂变；二是祭起大规模负债模式，主要是银行授信，在保险业就是聚集保费，疯狂并购，实现企业规模的跨越，至于购买的资产能否消化、能否获得盈利，以后再说。

在泰康，说独有的核心竞争力为时尚早。事实上，整个保险业的同质化竞争极为普遍。

寿险经营有个7年盈利规律——从亏损进入盈利是寿险公司经营的战略性拐点，这个拐点出现在续期保费和新契约保费持平的时候。当续期保费超过新契约保费的时候，就是寿险公司出现较大盈利的时候。泰康正是在2003年跨越了拐点，达到了1亿元的税前盈利的，并从这一年开始，泰康每年的税后利润都百分之百地增长。

2004年，泰康营销续期基本可以与营销新契约持平——这正应了寿险发展规律。

但正是在2004年，泰康却提出"夯实基础，凸显价值，回归中心城市"。

实际上，陈东升对这3年的超速发展，始终有忌惮。

通过对比中外，陈东升发现，中资保险公司往往先是跑马圈地，不加选择地拓展。这种做法看上去很有效，但后续会受到很多制约。而进入中国的外资险企，也许两三年都没有显著的业绩，但通过三五年的品牌建设、市场拓展，能量随时可能释放出来，随时可能发威。"到那时候，就回天乏术了，泰康要抓紧修炼内功。"陈东升说。

正是基于这一理念，在寿险市场疯卖投连险时，泰康按兵不动；在行业出现偿付能力不足时，泰康没有恶名，而且泰康的投诉率一直较低。"基金不能买，股票不能做，只能买债券，你没有任何工具帮老百姓去理财，保险公司的投资回报只有二点几，卖投连险就一定不会有好结果。"陈东升说。

"1998年那个时候，大家卖的预定利率产品都是很高的，某家寿险公司就出了4.025%的保单。以后几年，你能保证一直有4%的利率吗？可能吗？我们宁愿做分红产品，保证利率只有2.5%，这样公司就有弹性了。如果精算师设计出错误的产品，公司就会垮掉。台湾有一家公司，搞了一个3年的寿险产品，很高的回报，是精算师算错了，卖了1个月才知道错了，市场是很精明的，停的时候已经卖了100多个亿，公司亏惨了。"尹奇敏说。

陈东升的确谨慎小心："世界上死得最快的企业一定不是保守的企业，而是高速发展的企业，这是过度扩张、过度创新、过度发展的结果。亚洲金融危机使我增强了风险意识，让我更坚定地选择专业化道路。我们只要坚持不犯大的错误，别人犯错误就是给我们机会。稳健经营，小步慢跑，不犯错误就是胜利。"

泰康宁愿被骂保守。

中季

•

朝如青丝暮成雪
不破楼兰终不还

•

- 一个家庭有不同年龄的成员，不同年龄有不同的保险需求。如果把一个家庭不同年龄的成员的不同需求，当作一个人一生不同阶段的保险需求，便是后来大放异彩的"从摇篮到天堂，覆盖人的生命全周期"的"大健康"理念——在2002年，这个逻辑已然显露端倪。

- 3 000家机构，3 000个经理，去挑、去找、去培养、去考核。在乡下，哪里有那么多的人才、那么多的业务员、那么多的业务、那么多高产能的好业务？那时候，许多人喜欢刷墙，到处刷，刷大白墙，刷上"泰康"。领导一来，满眼都是"泰康"，形势大好。

- 段国圣一看中国人民银行公布的贷款数据，天量呀，吓坏了，遂抛债。"你查查看，2009年三四月份，债市有一个坑，那就是我砸的，有五六百亿，我的债基本上全干掉了。有点吹牛吧！"

06
高堂明镜演绎中产客厅

一张保单保全家　奇兵巡山

泰康亢奋着。

2002年的那些日子，几乎每周一家分公司开业。陈东升自诩泰康首席形象大使，到全国各地演讲宣导。

虽然跑马圈地很爽，但之后呢？泰康有什么过人之处？

大家彼此彼此：寿险产品单一，同质化严重，多是些传统的固定利率产品，连理财产品都少得可怜。竞争主要集中在保障范围、条款设计上，一人一张保单，大家觉得是理所当然的。

泰康要想出头，就得创新。

正是在这一年，尹奇敏加入泰康，任首席精算师。

"那时候国人刚开始接触保险，主要还是奔着储蓄、理财去的，保险保障只是顺带着的。我从海外回来，观念上还是倾向保险的保障功能，于是提出了家庭保单，海外有类似的产品。"尹奇敏说。

陈东升觉得这个概念不错，非常认同"家庭"这个价值观。

2002年4月10日，泰康率先推出综合家庭保障计划，满足全家的保障、教育、大病、理财、养老等需求。

就像赛场上较劲时，教练妙招换上新兵一样，奇效立出——"一张保单保全家"。

"一张保单保全家"，是泰康对家庭保障计划系列产品特色的浓缩，指一张保单下可以有多个被保险人，一个被保险人还可以投保多个险种，从而改变了传统的保险形式，以一张保单取代了过去的多张保单。

这样，目标客户由个人变为一个家庭，加上被保险人还可以投保多个险种，无形中每份保单的营销成本都降低了，含金量大升。

家庭保险组合并非泰康首创，但泰康是中国寿险业第一个吃螃蟹者，泰康在合适的市场、合适的时机，对合适的目标客户，推出了合适的产品。

如果说泰康的第一代家庭保障计划，就概念和基础产品来说，还留有浓重的模仿色彩，那么到了第二代主打产品"爱家之约"，在功能上已有突破，自主创新的意味凸显。"再后来，我们把保单从固定的组合，变成了自由组合，根据家庭不同的状况和需要，纳入不同的险种。"

要实现多个被保险人在同一张保单上，以及保单升级等功能，产品的设置与传统寿险产品有很大差别，这就需要电脑系统的技术突破，必须实现从保单向客户的转变。泰康外资入股后新启用的CSC寿险核心系统，正好拍马赶到，为家庭保障计划提供了技术基础。

泰康马不停蹄，从家庭保障计划到爱家之约，再到爱家之约（2005）升级版，从家庭套餐到家庭自助餐，再到保险超市，到

2005年底，泰康围绕家庭保险计划设计的产品系列已经有22个，一骑绝尘。

"模仿并不排斥创新，而是与创新交织互动。在局部、在某个时间段，创新行为同样可以发生在善于模仿的企业身上，或者说模仿是长时间的厚积，创新是薄发，是质的飞跃。泰康的家庭保障计划，我们的定位、品牌、销售、产品，清楚地和其他寿险公司分开了。我们是差异化经营，不做同质化的竞争。"陈东升说。

正是通过这个产品，泰康开始了从模仿向自主创新的过渡，形成了自主创新体系。

泰康开始按自己的逻辑走路了。

这个逻辑的延续路径就是：一个家庭有不同年龄的成员，不同年龄有不同的保险需求。如果把一个家庭不同年龄的成员的不同需求，当作一个人一生不同阶段的保险需求，便是后来大放异彩的"从摇篮到天堂，覆盖人的生命全周期"的"大健康"理念——在2002年，这个逻辑已然显露端倪。

而这个路径延续的背后，是陈东升个人的悲悯情质。

现代生活"三大件" 政治正确

一张保单保全家，甭忌讳，这个家庭当是中产。

中产即财富。对财富，人皆向往之，但要摆上台面，要说出口，当小心谨慎，虽然那时距离改革开放已有十余年。

"中国梦就是中产梦，中产人群的崛起是经济繁荣发展、社会文明进步的根基。中产人群买车、买房、买保险的新消费主张将成为消费时尚，保险将成为中产人群品质生活的标志之一。"陈东升小心地自圆其说。

人民富裕，改革开放成果，政治正确。陈东升分析道：

"如果用国际通用指标来分析，1978年中国人均GDP（国内生产总值）虽然只有205美元，但制造业比重却高达31%，这比人均GDP达1 200美元的中等发达国家还高近9个百分点。这表明，中国人是在极低的收入水平上，以极高的代价达到较高的工业化水准的。当时人们省吃俭用追求的家庭财富梦想是自行车、手表和缝纫机这老'三大件'。

"1984年是一个重要的历史拐点，此前可以称为消费数量的扩张阶段，此后则是消费质量的提升阶段。2000年中国GDP总量突破1万亿美元，人均GDP超过800美元，恩格尔系数降至39.2%，正是在这个阶段，居民的消费选择真正具有了独立的意义。这一阶段是中国居民向小康生活跃进的一个重要阶梯，电视机、电冰箱和洗衣机这新"三大件"成为这个时代的财富宠儿。

"法国巴黎百富勤公司的调查认为，中国中产人群占中国总人口的13.5%，他们的边际消费倾向最高，为1.1，即每增加1元收入，就可带动1.1元的消费。中国正在出现和不断加温的消费热潮，与美国20世纪60年代的情形相似。从欧美国家家庭消费结构来分析，保险消费占有非常大的比重。2001年美国家庭消费中，保险费用支出达到15%以上，和住房、交通消费一起成为家庭消费的前三位。在美国的家庭服务领域，私人理财师（含保险理财）和私人律师、私人医师并称为三大师。"

很繁杂的分析啊。简单说：早先，家庭老"三大件"是自行车、手表和缝纫机，消费量级是百元；改革开放初期，新"三大件"是电视机、电冰箱和洗衣机，消费量级是千元以上；进入21世纪，现代生活"三大件"进化为汽车、住房和保险，消费量级升到10万元甚至数百万元。

美国家庭消费支出前五位

	2001年（美元）	2001年占比（%）	2002年（美元）	2002年占比（%）
1. 住房	13 011	32.90	13 293	32.70
2. 交通	7 633	19.30	7 759	19.10
3. 保险	6 738		7 143	
（1）车辆保险	819	17.02	894	17.58
（2）人身和养老金	3 737		3 899	
（3）医疗保健	2 182		2 350	
4. 食品	5 321	13.46	5 375	13.21
5. 个人税收	2 920	7.39	2 496	6.14

资料来源：《美国统计摘要（2001年）》《美国统计摘要（2002年）》。

家庭"三大件"的升级，印证着中国经济的飞速增长，中国社会正在从金字塔形向橄榄形转变，中产人群将成为消费和理财的主力。谁掌握了中产人群，谁就是市场的赢家。

与时俱进着，泰康的目标人群，已悄然从大众向中产人群倾斜。

"现代生活'三大件'"，这是陈东升打出的旗子，是陈东升凭空造出的说法。陈东升到处说，逢人便说。

插一句。20世纪60年代初，日本有一则广告，倡导早起淋浴，说富贵人家都这样过活。而在这之前，日本人习惯晚上盆浴，"兰汤备浴，静室候宿"。这则广告是一家煤气公司做的，当时日本能源充裕，煤气公司老板假借富贵起居，凭空制造出一种新的生活风尚，来推销煤气。

异曲同工地，陈东升说："泰康不仅是推销保险产品，更是倡导一种全新的生活方式。"

下面一脸茫然　什么是路演？

为什么要把保险列入"三大件"，而不是一般概念里的教育或者旅游？

陈东升认为，教育、旅游等是刺激消费，而保险有一定的保值性。此外，从支出结构来看，保险与车、房一样都属于财产和投资。中产人群重视家庭，保险代表了一种良好的生活品质。

中产的标志是什么？至少中产少不了电脑嘛。

"对，搞一次像微软推广 Windows XP（计算机操作系统）一样的路演，推广泰康家庭保障计划，浓化泰康新生活风采。"陈东升说。

营销需要兴奋，需要仪式，需要轰轰烈烈。

然而，陈东升讲得激情四射，下面却听得一脸茫然："什么是路演？"

路演的整体策划落在了泰康品牌部总经理郑燕身上。她极为推崇杰斯帕·昆德的《卓越公司》这本书，视其为塑造企业文化特质和精神传承的《圣经》，其中关于营销的十八般兵器尽数上场。

2002年4月起，泰康陆续在全国各分公司开展"爱家行动暨新生活广场揭牌仪式"路演，将门店、泰康客服电话95522、泰康在线网站、员工服务有机整合，四位一体，借鉴麦当劳连锁模式，更是将所有路演的文件和用品，包括活动议程、服装、旗子、布景、宣传册、讲话稿、Flash（广告形式）等形成统一模板，供所有分公司全套使用，形成规模效果。

贾莉萍未必全部理解陈东升的"路演说",但她仍激情四射地投入其中。2002年2月9日,八易其稿的《泰康新生活广场一期建设方案》在泰康总裁办公会上通过。

有记者这样描述泰康上海分公司的新生活广场：400平方米的店面宽敞明亮,以橘黄色为主色调的室内设计,给一向稳重正统的金融企业平添了亲和、活力、时尚的风格,独立设置的网络特别通道,使人体会到在信息时代泰康提供的便捷服务,这很配上海这座中国最时尚的城市的味道。

两个月里,关于泰康的报道集中爆发：《陈东升当首席推销员》《保险业有了傻瓜套餐》《泰康人寿巡回路演开创寿险业产品行销先河》……

报道文章近300篇,15万字,愣是从无到有,整成一个社会热点。

插一句,整热点实在很难啊。章子怡的丈夫叫什么来着？都说他整天想整个头条如何艰难,难到半天都想不起他的名字。噢,叫汪峰。

泰康热点起来了,之后各种跟进。随后,一则《燕子归巢》的电视广告上了央视,稚嫩童声说出的"最爱的就是家",让人的心都化了。

2003年底,泰康开始在首都机场发布廊桥广告。2004年,泰康利用F1（世界一级方程式锦标赛）车队策划"驶向泰康新生活"营销推广活动。这一年,泰康还建立了新生活俱乐部。

2005年,泰康与《经济观察报》联手,在北京、上海、深圳举办三地四站"品质生活——中产人群在中国"巡演沙龙,探讨中产人群的群落形成与发展,以及生活方式和消费理念。零点调查还对北京、上海、广州等7个城市的中产人群的生存状态进行了专项调查。

4年间，家庭保障计划在市场引起巨大反响，到 2006 年上半年，累计拥有 60 多万家庭客户，产生保费（首续期）41 亿元，最高保费占比为 38%，件均保费较传统险提升 1 000 元，有效业务价值较传统险提升 12%。

泰康取得了"一张保单保全家"的独占话语权。

F1 驶向泰康新生活　跳跃的橘黄色世界

2004 年 9 月 26 日，F1 赛事首次登陆中国上海赛场，其间泰康大出风头。

700 多人的车迷队伍组成的橘黄色方队，铺张的 300 平方米的橘黄色旗帜——上书"驶向泰康新生活"，成为 F1 赛场耀眼的行为艺术。

泰康的 Logo（标志）出现在索伯车队赛车的两个后视镜上，赚足了眼球，外刊称"中国汉字首次登陆 F1"。

在赛场，竟然出现了这样一幕：外国车迷把泰康的 F1 车迷看成了中国车迷国家队，非要用自己的名牌 T 恤换泰康的橘黄色 T 恤……

F1 与奥运会、国际足联世界杯并称为世界三大体育赛事。在这个全球体育界含金量最高的舞台上，泰康抢占先机，成为首个且唯一的中国企业赞助商。"在最合适的时机，以最小的代价，抢占最好的山头。"郑燕说。

实际上，泰康的 F1 项目是个遭遇战，是命题作文。陈东升给郑燕下令：少花钱，最好不花钱。

车队赞助，是 F1 赞助中最核心的项目，泰康瞄准的是索伯车队。在 10 支车队里，除索伯车队和乔丹车队是独立经营，其余 8 支车队都由赛车厂商（如法拉利）或商业巨头（如英美烟草）经营，赛车车身的标识位置早几年就被买断了，价格以千万美元计。

2005 年 6 月，由于宝马公司将收购索伯车队，并用宝马为其命名，所以 2004 年泰康与索伯车队的牵手，已成绝版。

2003 年底，多轮谈判后，赞助 F1 在泰康正式立项，被命名为"驶向泰康新生活"。这一次与爱家行动路演不同，泰康面对的是国际化平台，前无借鉴，旁无参考。

推广 F1 项目，泰康打出了组合拳，将营销学 4P 要素中的"推广"（promotion）方式，包括广告、促销、公共关系和人员销售等，都运用到极致。值得一提的是客户回馈活动：从 2004 年 5 月 1 日起连续 3 个月，凡是购买泰康爱家之约产品的，就可以参加泰康"体验速度激情，感受泰康时尚"活动，免费到上海观看 F1 比赛。

这个活动吸引了全国 150 多万泰康客户的关注，共有 7 000 多个家庭获奖，其中有 747 人得到泰康的资助，免费亲临 F1 上海赛场。有的中奖家庭是被村里人敲锣打鼓送上火车的。活动带动了业务提升，其间爱家之约销售额比上年度同期增长 890 万元，保单件数同比增长 13 668 件。

保费收入是次要的，在品牌文化与目标受众的沟通层面，泰康更是大有斩获。

一位亲临 F1 赛场的泰康客户说："泰康不太像我们日常接触的金融企业，倒有些像 IT 企业，泰康显得更年轻、更时尚、更酷。很难想象，一家中国的保险公司，能与 F1 搭上钩，很独特。"

泰康的另一大营销手笔是首都机场廊桥广告。在那之前，全世界的机场在这条全封闭的黄金通道里没有一条广告，泰康乍着胆子，压着价跳了进去。效果出奇地好，在首都机场的 36 条廊桥里，在"泰康画廊"里，1 052块广告牌使中外旅客沉浸在跳跃的泰康橘黄色世界里。

廊桥广告位期满后，泰康让出了一半，接替者是中国人熟悉的那个著名的CEO韦尔奇的通用电气。

泰康打开了黄金通道，然后与世界企业强人共享。

3年后，泰康廊桥广告下刊，平安接手，持续10年。

当年保监会领导提到泰康有两个亮点：一个是家庭保障计划"一张保单保全家"；另一个就是机场廊桥广告，给保险业长了脸。

"2004年是我来泰康做品牌最大胆创新的一年，我们把泰康的家庭文化主张迅速推广到全中国甚至全世界，公司品牌和业务取得双丰收，当然前提是陈董骨子里喜欢新事物。"郑燕说。

2004年，陈东升被评为《财富》（中文版）年度中国商人，登上了2005年《财富》（中文版）开年第一期的封面人物。

全无数据　3天祭出抗SARS产品

鬼魅潜行，惊春惨淡，满街的口罩，社会被偷袭。

这鬼魅，当时被称为"非典型性肺炎"，就是SARS。

2003年4月20日下午3时，国务院召开新闻发布会，中国社会正式向SARS宣战。

"当时最高峰时，每天新发病例和疑似病例300多人。我们该怎么办？怎么给患者赔付？疫情如此突然、如此严重，我们能否针对这种病例承保？怎么承保？如何为国分忧，为民解难？"刘经纶对那段时期的情形记忆犹新。

4月21日，泰康紧急启动了风险防范体系，选取了第二、第三办公地点，制定了公司管理层AB轮班制度，成立领导小组，陈东升为组长，刘经纶任执行组长，马云、胡昌荣、王道南和李艳华为成员。

4月28日上午，泰康决定设立500万元专项基金：在确保原有保险合同继续有效的前提下，在8月31日前，凡是经法定医疗机构鉴定罹患SARS的泰康客户，在条款规定的赔付之外，再给予每人2 000元的慰问金。

除了关注社会外，泰康人也为公司的运营焦急。

"我为什么对非典印象那么深？公司3个月没有保费收入，每个月的（运营）费用是1.5亿元。压力非常大，再多两个月我们就扛不住了。"陈东升回忆。

苗力2003年4月出任泰康北京分公司总经理，没过几天非典就开始了。"业务员不许聚集，不许开晨会，闲着没事干。没有可销售的保单，没有收入，是最可怕的。一个月，两个月，不知道SARS会到什么时候，这个队伍就垮了，北分就完了。"苗力说。

怎么办？"能不能搞一个抗非典的产品？我去请示陈董，请示总裁，他们立马就同意了。去跟保监局汇报，也说没问题。"苗力说。

推出抗SARS保险，面临两大难题：一是没有SARS在总人群中的发病率、平均治疗费用等数据；二是即使按照国际惯例，传染病也属于保险除外责任。

4月28日早上一上班，泰康北京分公司提交了紧急呈批件，开发防SARS综合健康保障计划。泰康紧急开会，健康险部、产品部、业管部、客服部、法律部、品牌部等，确定"五一"前必须拿下抗SARS产品。

只有3天时间。

"这个事情太突然了，但社会上有强烈的需求。做这个产品也不需要很复杂的计算，保险的原理就是大数法则，所以必须要有数据来支撑，但就是数据太少了。我们希望能有这么一个产品，让大家有个安抚。所以要设计一个低保额的，费率很便宜的，带一些公益性的产品。疫情万一控制不好，公司就亏钱了，是要冒一点风险的。"尹奇敏既有北美精算师资格，还有中国精算师资格，数据崇拜。

产品出来了，但精算人员还是很谨慎，犹豫是否签字。最后豁出去了，签！

"最关键是要保监会认可。"刘经纶说。

保监会批了。

4月30日下午，保监会批准"世纪泰康抗击SARS保险计划"上市。这是当年市场上唯一以主险的方式推出的抗SARS保险产品。

那时与泰康合作的印厂已经提前放假了，紧急设法处置。

5月1日，北京正式销售泰康抗SARS产品。

销售又成难题。非典疫情期间，业务员难以与客户面对面地交流，于是泰康开发网上营销，以及电话、手机短信、信件等。在上海，泰康还与近900家便利店合作，代理销售抗SARS保险产品。

泰康抗SARS保险产品一推出便出现热购，一度创造了日最高承保34 780件的纪录。

"保费就是100块，保10万块，犹豫期10天，随手就买上几份，大家就图个安心。"苗力说。

从5月2日到6月28日SARS卡单，累计保费收入6 200余万元，其中有近43万新客户。

5月，泰康又开发了"世纪泰康特定疾病医疗保险"和"世纪泰康特种定期寿险"两个新产品。

泰康名声大振。6月11日，时任保监会人身保险监管部主任陈文辉来到泰康，他表示："泰康是SARS期间各家保险公司表现最为突出、各项措施落实最到位的公司。"

北京市委、中共北京市委金融工作委员会也认为，泰康依靠健全的危机处理机制、先进的电脑系统、完善的物流体系以及自上而下强有力的执行力，经受住了SARS的考验，特别是快速的应变能力及产品创新能力值得称道。

上市抗SARS产品，确实有风险。"怎样在社会责任与商业利益之间保持平衡？大家觉得保险企业还是应该承担责任的，如果SARS控制不了，人都没了，地球也没了，你还有啥？反过头来，这个产品对社会还是有用的，万一得了SARS起码有经济上的保障。"陈东升说。

好在SARS很快过去了，泰康有惊无险。

后来统计，全国共确诊SARS病例5 327例，死亡病例349例，医护人员受损者众。

泰康最早的SARS赔案甚至早于国务院的部署，2003年4月9日，因SARS身故的广州医护人员韦小玲获泰康3万元赔付金。

5月15日，北京首批殉职医生丁秀兰、杨涛，通过泰康保险捐赠计划，分别获得赔付3万元。

人民医院护士王晶只有32岁，是说说笑笑进的病房，她给丈夫发短信："窗前的花儿开了，我会好起来的。"但在染病40天后，她于2003年5月27日去世。"我跑到小汤山，给王晶的丈夫和女儿送赔付金。那时候她的女儿才6岁，和我儿子差不多大，我感同身受。"苗力说。

抗击SARS，为泰康人17年后抗击新冠肺炎，做了预演。

12万元赔款　生命太不值钱了

张先生是北京大学1979级毕业生,和陈东升一样是"92派",生意做得红火。

不幸的是,2003年,张先生在46岁时患病去世。当时他有1 000多万元的资产,但500万元是别人拖欠的未收款,其他几乎都是企业的固定资产,另外还有300万元的负债。幸运的是,张先生生前买了750万元的寿险,50万元的重疾险,10万元的医疗险,累计交保费300万元。

泰康先行赔付了重疾险和医疗险。"最大的一笔750万元的寿险,我到他家里送赔款,张先生的夫人陆女士是他的大学同学,我记得很清楚,她的儿子长得高高的。这笔赔款确实让陆女士一家生活无忧。后来,她把父母从老家接到北京来,儿子到英国留学,回来也工作了。2014年陆女士60岁了,又买了泰康的'幸福有约',准备再过几年就住进泰康养老社区。"陈东升说。

保险人当闻赔则慰,这才显示保险存在的价值。

在2008年5月12日的汶川地震中,泰康最大的一笔理赔是12万元。陈东升知道后,5月16日,便赶到都江堰灌口镇。"那是一个23岁的女孩,在地震中遇难了,她生前花了200多块为自己买了定期寿险产品'吉祥相伴',因为父母离异,在地震前一个星期,她做了受益人变更,理赔金父母一人6万元。过去孩子是父母两个人之间的纽带,如今孩子没了,保险却成了新的纽带。"

当时陈东升想把遇难女孩父母的手牵在一起,他俩还躲闪着。

无奈，陈东升站中间，两人一边一个，三人手拉手——很有象征意义的行为艺术，保险真的成了纽带。

只是这12万元实在是太少了。当时泰康紧急排查受灾地区，包括绵竹、德阳、绵阳、都江堰，加起来有85万客户。泰康要赔3个亿？赔1个亿？结果，只有500万元。

"生命太不值钱了，遇难者大都没买保险。我希望赔得更多，但我无能为力。"陈东升说。

不只是泰康无能为力，整个保险业也处在虚无里，缺少存在感。

汶川地震造成直接经济损失8 523.09亿元，其中四川7 717.4亿元，四川保险业当年的赔款是20多亿元，只占千分之二。

作为对比，1994年1月美国洛杉矶大地震，造成直接经济损失418亿美元，保险赔款150亿美元，占比35.89%。

那么，中国保险业到底给社会、给民众的生活和保障带来了多大贡献？保险业在社会中的存在感如何？

这是一个悖论。民众投保少，使得保险业的发展受阻，使得保险的存在感较弱。但在大灾情形下，如果保险公司超赔，又有违商业契约，甚至会毒化保险环境，导致恶性循环，阻碍保险业发展。有领导就说，遭了这么大的灾，你们保险公司还不多赔点？

保险业只好通过捐赠来提高存在感，许多时候，捐赠甚至超过赔款——这同时也是在毒化保险环境。

但姿态还是要有的。汶川地震后，泰康捐资500万元在德阳、绵阳、广元和都江堰地区援建了4家敬老院，按照省级敬老院标准，抗震达到或高于当地地震设防等级，总建筑面积2.5万平方米。

2010年出了一个感人的故事——"信义兄弟，接力送薪"。2009年底，湖北建筑商孙水林，为赶在大雪封路前给农民工发工钱，连夜从天津驾车回家，不幸遭遇车祸，一家5口遇难。弟弟孙东林为替哥哥完成遗愿，在2010年大年二十九赶回家乡，给60余名农民工发放了 33.6 万元的工钱。

不幸去世的孙水林一家正是泰康的客户。泰康立刻操办，在 5 个工作日内完成理赔程序，把 41 万元理赔款及 1.7 万元分红支票送到孙家。

做好事也是认真的　泰康公益三级跳

2009 年 10 月 1 日，国庆 60 周年庆典，泰康露了一次脸，独家给群众游行队伍捐赠保险，每人保额 10 万元的意外伤害保险和保额 1 万元的意外医疗保险，总保额达 200 多亿元，创了纪录。在一次与朋友聊天时，郑燕偶然听说，来北京参加游行集训的群众中有中暑和腹泻的。遂给陈东升汇报，紧急启动了这项保险捐赠。

但当初小公司做公益不容易。1998 年南方遭遇百年不遇的重大洪涝灾害，泰康第一时间为赴前线报道的所有记者免费提供 10 万元的意外伤害保险。郑燕说："那时知名度低，新华社、中央电视台等国字头大媒体刚接到传真都以为是骗子公司。直到我们说明了初衷并出示了泰康营业执照，媒体总编们才相信天上掉下馅饼。"

泰康做慈善、做公益的手笔现在是越来越大。

2006 年，"泰康人寿奖助学金"计划启动，连续 5 年向北京大学、中国人民大学、武汉大学、南开大学、复旦大学、对外经济贸易大学、中央财经大学、西南财经大学这 8 所高校的保险院系共计捐助 400 万元。至 2010 年，这 8 所高校的千余名学生受奖励和资助，泰康也从这 8 所高校招聘了近百名优秀应届毕业生。

2007 年，国际数学大师丘成桐教授提出举办中学生数学比赛，这个想法与陈东升一拍即合，双方共同发起设立"丘成桐中学数学奖"。2013年后此奖项又增设物理奖、化学奖、生物奖，更名为"丘成桐中学科学奖"。这个奖项面向全球华人中学生，舍弃试卷和标准答案，学生只需提交研究报告。

中国经济理论创新奖是中国第一个由300个经济学家、财经学院院长和财经记者，以投票并公开计票的方式评选的经济学大奖，每届只奖励一个中国原创经济理论，是国内奖金额度最高的社会科学类奖项之一，2011年奖金从50万元增加到100万元。从2008年这个奖项首届评选开始，泰康连续提供资金支持。

中国经济理论创新奖的获奖人如下：

- 第一届（2008年）杜润生，农村家庭联产承包责任制；
- 第二届（2009年）厉以宁，国有企业股份制改革；
- 第三届（2010年）吴敬琏、周小川、郭树清，整体改革理论；
- 第四届（2011年）华生研究组、田源、张维迎，价格双轨制理论；
- 第五届（2012年）马建堂、周叔莲、江小涓，中国经济结构调整理论；
- 第六届（2013年）黄达，财政信贷综合平衡理论；
- 第七届（2015年）林毅夫研究组（林毅夫、蔡昉、李周）、张军、樊纲，过渡经济学理论；
- 第八届（2017年）李实、赵人伟、陈宗胜，中国经济转型和发展中的收入分配理论；
- 第九届（2019年）卫兴华、洪银兴、魏杰，国家调节市场、市场引导企业的经济运行机制研究。

从重大突发事件救助，到教育、研究领域的持续资助，再到今天成体系更专业地做公益，近3年，泰康相继发起并成立了泰康溢彩公益基金会、公共卫生及流行病防治基金、泰康美术馆等专业公益运营机构，在助老、公共卫生、艺术三大领域持续发力。公益成为泰康履行社会责任的一个平台。

"现在公益资金的调配量越来越大，去年泰康溢彩公益基金会公益支出达1.3亿元，这就存在非常复杂的资源配置问题。做公益本质也是资源的优化配置，需要借鉴成熟的商业管理和战略规划等方法。"泰康溢彩公益基金会理事长应惟伟说。

泰康溢彩公益基金会在2021年迎来3周岁，该基金会一直聚焦助老，已经捐助了150家养老机构，培训了15 000名的养老从业人员。做调研、做产品、做规划，还要搭建80万泰康人、成千上万个客户参与的公益志愿平台。年轻的溢彩公益基金会团队正在研究如何把机构、社区、居家等养老模式都摸透，设计出好的公益产品和项目，赋能整个养老产业。

"泰康的生态足够大，未来基金会还要建分支机构，把泰康商业向善的能量调动起来。"溢彩公益基金会秘书长赵力文和团队信心满满。

陈东升说："做公益也要有企业家精神，有创新、效率意识。溢彩要做长寿时代的创新型支撑基金，核心是照顾老年人的需求。"这对溢彩公益基金会的要求蛮高的。

此外，泰康还长期赞助亚布力中国企业家论坛，此论坛有"东方达沃斯"的美誉。

企业收藏　中国大陆只此一家

在泰康系，你们存在的理由是什么？

"是呀，泰康要我们干吗？我们参加集团的会，特别有感触，泰康70万人马都天天在那儿挣钱，天天在那儿喊加油，喊一定要赢，就我们不挣钱，就我们不受待见。"资深策展人唐昕说。

陈东升是泰康艺术板块背后的人。

2003年和2004年，在北京两会上，陈东升连续提案，呼吁要保护"798艺术区"，他是"798艺术区"得以保留的关键力量。

"798艺术区"原本是北京的电子工业区，随着产业的衰落和外迁，大片旧厂房荒废起来，渐渐聚起了艺术家和画廊，成了北京的一张文化名片。然而，房地产商也盯上了这片土地……

正是在2003年，泰康的艺术机构"泰康空间"成立了，泰康也凭此成为国内首家设立专业非营利艺术机构的金融企业。

本是一个金融企业，却设立艺术机构，不仅对国内艺术界是新鲜的，对泰康自己的员工来说，也是好奇的。

在欧洲，商业赞助艺术的氛围是逐步建立的。早先，皇家宫廷和权贵家族是艺术的赞助者，如文艺复兴时期的意大利，在14—16世纪的文艺复兴时期，美第奇家族是许多艺术家的赞助人，如波提切利、达·芬奇、米开朗琪罗、拉斐尔等，因而留名于文艺复兴文化灿烂史上。

到近代，商业企业，特别是金融企业渐渐成为艺术的主要资助者，成为艺术家背后的人。而赞助机制、税收减免和法律保护制度，也日益完善起来。

赞助艺术，就是推动历史进步和文明发展。虽然在中国，尚无赞助艺术的税收优惠安排。

泰康空间最初名为"顶层空间"，不定期在北京长安街的泰康大厦顶层举办展览。在泰康职场公共区域内，分布着一些统一规格、统一色调的墙面，展出了一些优秀作品，如蒋兆和的《中国人民从此站起来了》、陈逸飞的《黄河颂》、吴冠中的《北国风光》、肖鲁的《对话》(行为/装置)、吴作人的《解放南京号外》，以及孟禄丁、张群的《在新时代——亚当夏娃的启示》等，这就是泰康纵墙美术馆。

"泰康空间有两个主要职能，第一个是做艺术品收藏，同时也是艺术品投资，金融机构的专业就是投资，在很多篮子里放鸡蛋，我们这块是最小的一块，是比较有专业性的一种。"唐昕说。

泰康收藏已有相当的体量，油画上千件，摄影作品15 000件。更重要的是，泰康收藏是体系化收藏。

"我们的研究比别人多一块。比如，20世纪80年代之前发生了什么事，让这些艺术家走出和那之后不一样的路？所以我们就往前推，推到1942年，这样前面这个阶段，就变成我们体系化里面的另外一个板块。2019年春天，我们在798做了一个收藏展，实际上是对这两个历史阶段之间关系的展示。"唐昕说。

吴印咸正好跨越了这两个历史年代，他是一位红色摄影家。

2009年，"'人民大会堂'和'北京饭店'：吴印咸摄影回顾展第一回展"在泰康空间举办，其中展出了泰康收藏的33张"人民大会堂"系列中的15张精品。

"人民大会堂"系列拍摄于1981—1983年，是吴印咸晚年的主要代表作之一，柯达Ektachrome（埃克塔克罗姆彩色反转片）系列专业胶卷浑厚饱满的色彩，纵横交错的自然光、灯光和其他人工光源，赋予照片一种别样的夺目感。

"我们梳理追溯历史，但我们这么说，别人也看不懂我们在做什么，所以行业里我们基本上找不着可以一起探讨的人。这几年才开始，逐渐有学界的人跟我们有互动。"唐昕说。

不仅关注历史，更研习现代。泰康空间把许多"80后"艺术家罩住，有绘画、影像、装置。

"马六明1993年开始做行为艺术，大家都觉得行为艺术这个事不能碰，我们整个收藏了他从1993年到1998年的一系列作品。美国古根海姆美术馆找马六明，说想收藏他的作品，马六明说：'我这里不全了，全世界只有两个地方有全套，一个是泰康，另一个是国外的一个收藏家那里。'古根海姆就来要我们转让，怎么可能？"唐昕说。

泰康空间要研究的是艺术的趋势、艺术的未来，并且希望参与标准的制定。

"我们算是一个高精尖的实验室，我们到不了临床，但必须要做这个研究才能看到怎么和临床结合。你现在买了陈逸飞（的作品），是因为他有名，再往后怎么办？出来一茬一茬的新人怎么办？我们一直在最前沿，判断这些年轻艺术家在干什么。"

2015年德意志标准出版社梳理全球企业的收藏，全球找了81家，都是国际大企业，像德意志银行、摩根大通集团、瑞银集团，它们做收藏几十年了，非常专业，中国大陆只有泰康一家。另外，泰康空间的出版物，被美国大都会艺术博物馆的沃森图书馆邀请进入其馆藏。

"现在在艺术圈里，大家说我们，就会说什么什么是泰康式的。"唐昕说。

泰康空间的另一个职能就是筹建美术馆。

陈东升说："我们要做中国的MoMA（现代艺术博物馆）。"

我老了会回到嘉德　那是一个可以放置精神的地方

实际上，此前陈东升个人已建立了艺术博物馆。

"2013年是武大120周年校庆，也是我毕业30周年、嘉德20周年、泰康空间10周年，武大万林艺术博物馆将会落成，展厅面积有8 000多平方米，这是我私人捐赠1.2亿元建造，以我父亲的名字陈万林命名的。我在我家乡还捐建了万林科技楼和万林图书馆，是对先辈的纪念。"陈东升说。

对父辈的怀念，对人的来路的尊敬，对人类生命的礼赞，是陈东升的悲悯情质。日后泰康转型医养，形成"从摇篮到天堂，覆盖人的生命全周期"的"大健康"理念，除去政治、社会、商业的因素外，陈东升的个人秉性也起了大作用。

除捐建万林系列场馆之外，陈东升还捐献了价值约3 000万元的艺术品作为初期馆藏，其中既有齐白石、张大千、何多苓、张晓刚、方力钧的作品，也有武汉大学第一任校长王世杰的书法作品。

继陈东升之后，艾路明、毛振华、雷军、阎志等众多武大校友也相继为母校捐款。艾路明等人合捐超过1亿元，阎志捐1亿元，雷军捐99 999 999元，毛振华捐5 000万元，周旭洲捐5 000万元。

"大概四五十个人，钱数不等，约有15个亿，现金到账的，国家再配套15个亿，所以实际上武大同学筹措了30个亿的基金。现在再捐楼，武大已经没地方了，我一个楼，毛振华一个，艾路明一个，阎志一个，雷军一个，5个楼。现在从捐楼开始变为捐基金了，引进人才，引进客座教授。"陈东升说。

为什么要建艺术博物馆？陈东升说："在给武大杰出校友做演讲时，我讲到大学有三个素质要培养：首要是培养学习能力，第二个是培养独立思考和批判精神，第三个是培养人文情怀。我上大学时为什么去拜访那么多著名教授？为什么崇尚学术？现在回想起来，就是一种人文情怀。我现在年富力强，我选择泰康，等我老了，我会回到嘉德，那是一个可以放置精神的地方。"

有些成功人士退休后去学校任教，陈东升要自己搭建一个讲台。

07

红尘滚滚送你一副"金手铐"

每每有人问:"你怎么还没辞职呀?"

2000年外资入股泰康时,泰康的公司治理文件全部重新清理、完善、制定,上下左右全数洗了一遍。其中,员工长期激励(Long Term Incentive,LTI)措施是议题之一,老外更是非此不"娶"。

结果,新的公司章程第十二条提到员工持股计划和员工股票期权。

一个典型的开放拽着改革跑的事例。

庙多僧少,老板们早都明晰了然,搞长期激励,自然是希望员工三年五年、八年十年都"跟着公司共同成长"。虽然,高薪、发奖金也可以留人,但有人拿了钱就走了。而把员工与企业绑在一起,在业界早已是共识、是常识。国际上有各种成熟的方式方法,各式

"金手铐"。

泰康也要搞"金手铐",它的激励项目定名为"长期激励计划"。

2001年开年,泰康开干。

泰康聘请了国际知名人力咨询公司操盘。谁知,调研了一圈,可行性研究报告出来了:不可能,法律上没有规定,政策上没有操作空间!

"要在这种不确定的政商背景下,还要做出有法律框架的东西,怎么说服老外?老外是讲规矩的。"

陈东升执拗上了、杠上了。

期权这个物件当时在政策层面也说不清楚,但坚决搞、必须搞、马上搞。"我坚信,这是市场经济的方向,是改革开放必经之路,我们就赌中国未来的发展趋势。"

战略决定一切。战略的根基是对国际国内趋势的正确预判。

对员工长期激励的痴迷执着,除去希图长期绑住员工这个实用考量之外,从普世情怀说,陈东升还暗合了另一层意思:企业要发展,资本要增值,社会要受益,劳动者怎能长期被忽视?在一个投入产出的循环里,如果其中有的角色吃肉,有的只能喝汤,长此以往,这个循环怎能和谐?如何持续下去?

百年老店,不能只是说说,不是只有情怀就能做成的,需要有设计、有机制,才能有传承、有根基,才能做成百年老店。

因此,耕者有其田,工者有其股,道理上是通的,逻辑上没毛病。

泰康董事会秘书刘永军领命推进。"在泰康有一条,就是陈董的底色,做监管和法律的好孩子。这个事虽然在法律上路径不健全,政策在这中间有含混的地方,但仍要做到严丝合缝。我们请了律师,一条条抠法律条文,绝对不能顶着法律干,就是万一出现什么极端情况,我们也得禁得住法律的拷问。"刘永军说。

陈东升急促,容不得慢慢描画。2002年的一个场合,陈东升宣布:

"如果长期激励计划泡汤了,刘永军将引咎辞职。"这是往死里逼呀,逼得刘永军两次拜佛问道。每每有人问:"你怎么还没辞职呀?"

低谷中　咬牙拿出真金白银

长期激励计划原本是为了留住骨干的,却实在地影响了泰康系统的经营理念。

"主要是和外资股东们沟通,这个方案怎么和业绩单位挂钩?业绩单位的依据指标是什么?一个业绩单位可以兑多少股份?值多少钱?"朱久华也参与了长期激励计划。

考核周期是3年。第一个3年周期到了,这3年正是泰康高歌猛进的爬坡阶段,业绩甚好,该给员工兑现了,却发现,政策依然没有变化、没有空间,股份兑现不了。

当初制订长期激励计划时,这只是泰康内部工作的一个考核程序,甚至名称都不统一,许多人只知道有个薪酬激励计划,或是鼓励创新之类的,考核用的是业绩单位,不涉及股份,不涉及监管批准,也就没和监管沟通。

到这会儿没辙了,泰康诸位和律师、财务顾问,赶忙地往保监会跑,请示,沟通,商量对策。

朱久华说:"我记得,那时候国十条出来,国家方向上是鼓励的,算是看到了曙光,保监会发改部也根据政策变化组织研究,他们还专门听泰康及顾问团队介绍情况。但再后来,就出了有的银行上市,娃娃股东持股这些事,在全国影响很大,这也波及了我们,长期激励计划发股的事情只好先停下,接着往第二个周期滚。"

到了 2008 年，第三个周期也快到了，感觉政策不可能有变化了，股份真的兑现不出来了，这如何是好？长期激励计划怎么了结？要兑现，要拿方案，要说服股东，争论，层层解释，推倒了重来……最后，上股东大会。

最后，泰康尽最大努力兑现了承诺。

过程中亦有三点值得注意。

其一，泰康对股东投资的回报，以及历年偿付能力充足率，都是出色的。

其二，泰康经营层的动作，都严格按照公司治理规程执行，专业、规范、公开，而这个规程的基础是 2000 年外资入股时打下的。

其三，2010 年，泰康的经营状况并不乐观，事后证实其后几年是泰康业务的低谷，但管理层仍然说服股东，咬牙拿出真金白银，殊为不易。这不仅是兑现对员工的承诺，也是坚持诚信。

"从那以后，泰康这批干部怎么摧残蹂躏都不走，真的是把大家套得死死的。你说这么多年，人在一个公司待久了，有职业倦怠，有时候受到各种压力会有动摇，外面的世界也很精彩，也受过很多诱惑，但就是因为泰康的这些长期激励计划，很多人就坚定地跟着泰康走到退休，很少有人离去。"李艳华说。

个个儿的虎背熊腰　一水儿的嗷嗷登场

泰康的长期激励计划，跌跌跄跄地、惊险地、阶段性地完成了。试想，如果这个摊子收拾得不利落，陈东升作为掌门，在企业的信誉度会如何？泰康军心士气会怎样？泰康会怎样？

事过回头看，在这个过程的背后，却也波涛汹涌，惊出一身汗。

用职业语境叙述，长期激励计划的必要性和可能性是什么？

必要性。

2000年中国加入世界贸易组织后，泰康就感到形势严峻，外资要进来，内资要设机构，挖人大战必起。

刘经纶说："挖人的办法很多，一年给30万、50万，或者给你买个房子、扩大报销什么的。但我来泰康的时候，陈董就是给咱们画饼，什么高尚的职业、富足的收入、幸福的家庭、闲暇的时间、周游世界、美满的人生等，老给我们画饼。我记得跟我们说得最多的就是阳光下的财富，反复讲，不是不想发财，但一定要是阳光下的财富，不能搞蝇营狗苟这些。可是，不能只是画饼，我们必须有'金手铐'，有办法把干部留住。"

1996年泰康等5家中资保险公司获批建立，其后8年，没有一家中资公司出世。而上任2年的保监会主席吴定富，期望在世界贸易组织对中国保险业的保护期结束前，使中资保险长成规模，提出做大做强保险业，2004年6月，一口气放了18家，8家寿险、3家健康险、7家财产险。

新设立的中资公司里，太平洋保险、太平保险在内地复业，还有中银保险、民生保险、东方保险、华泰保险、永诚保险、安邦保险、安华农险、天平车险、渤海财险、昆仑健康险和合众人寿等。其间出现了诸多第一——第一家国家政策性信用保险公司、第一家资产管理公司人保资产、第一家农险公司、第一家健康险公司人保健康。

新公司的领军人物也多是大佬。如国华人寿是人保原副总经理乔林（已退休），其背景亦被股东看好，国民人寿是已退休的"中国保险监管第一人"马鸣家，阳光健康险由广东保监局原局长张维功仟董事长，个个儿虎背熊腰。

外资如康联、丘博保险、纽约人寿、美国大都会、光大永明人寿等，亦嗷嗷登场。

2005年底，由于外资入股建设银行和交通银行，尽管业界出现了"银行贱卖"论，但吴定富在《财经》杂志年会上依然大谈对外开放：2005年主要跨国保险金融集团和发达国家的保险公司都已经进入中国，名列《财富》世界500强企业中的46家外国保险公司，已经有27家在中国设立了营业机构，外资保险公司已达41家……

2001年底，内地共有保险公司52家，其中国有独资5家，股份制15家，中外合资19家，外资公司的中国分公司13家。到了2007年底，一下子变为110家。

面对如此局面，泰康"金手铐"的必要性，多说啰唆，余言皆废。

教育是最大的福利　　有礼了"五星上将"

在泰康职场有一标语："管理是严肃的爱，教育是最大的福利。"显然，教育培训对员工的恩惠，远超年薪百万。渔与鱼的关系。

"记得外资入股泰康时，给了250万美元的援助费，我把这个钱拿出来办了两个班，让所有高层经理完整地学EMBA（高级管理人员工商管理硕士），还要支付学员从全国各地飞到北京的吃住费用，花了1 000多万。至于说，对公司将来的边际收益有多大，很难算得清。"陈东升说。

泰康总公司时常变成训练基地。EMBA特设培训班、经理培训班、世纪组训培训班、人力资源培训班、核保核赔培训班、信息技术培训班、中青班、千人计划、白川计划等，各种培训一个接着一个。

保险公司需要各种专业人才，核保核赔、信息技术、投资、销售、精算、人力资源、财务、风险管控等。泰康鼓励员工学习，员工要考精算师，公司就给他假，要去考LOMA（国际金融保险管理学院）的资格证书，考过了，公司奖励3 000元。

2001年以后，泰康的首席财务官、首席信息官、首席精算师多由海外人士担任。但泰康更重视境内本土人才的培养和任用。

2003年，泰康人力资源总监胡昌荣手里有一份机密文件——管理者晋升红名单，约有300名泰康人列入其中。"外资保险公司都想从泰康挖角，他们有黑名单，我们就得有红名单，这也是一场持久的暗战。"胡昌荣说。

在红名单里，300名核心骨干分成4级梯队：领导团队，包括管委会成员；核心管理团队，包括总公司部门负责人和分公司领导；中层管理团队，包括中心支公司负责人、分公司部门经理、总公司岗位经理；一线管理团队，包括营销部经理、分公司及中心支公司主管。

针对4级梯队，泰康着手建立中长期培养计划。泰康包括陈东升在内的50名高管，在经过一年半的北大国际MBA（工商管理硕士）特设培训后，又有35名高管走进了武大MBA课堂。这一系列培训，形成了泰康内部的语言平台。

培训的不仅是管理人员。2001—2003年，泰康趁机构扩张之时，编撰了分支机构筹建手册，把以往的经验汇集起来，用统一的模式来规范下属机构的筹建，培训员工。

"对于人才外流，堵肯定是行不通的。"胡昌荣说。借鉴华信惠悦和 ISO9001 标准，2001 年泰康开始筹建以岗位为核心、以平衡计分卡为绩效管理的市场化薪酬考核体制。泰康强调外部公平，按市场价格来计算内部员工的薪酬。

比如精算师、核保核赔人才，是市场稀缺资源，薪酬就相对高。而同样级别的经理，年薪比之会差出 10 万~20 万元。这对留住核心骨干得益甚大。

除了高薪之外，泰康还为每个管理人员设计了职业生涯。"这些年，泰康高层管理者没有流失，管委会成员基本没有走一个，分公司老总也基本上变动不大。对于空缺职位，我们每年引进 20%，内部提拔 80%，这样可以使公司保持活力，不会'近亲繁殖'。每个管理岗位都设计了一个继任人计划，按 1∶2 的比例配备。"陈东升说。

20 多年来，每年的泰康司庆都有一个必选项目，从未间断，就是表彰为公司长期服务的员工，满 5 年发一颗金司徽，每 5 年加一颗，已经发了 4 万多颗。"这些年金价一直在涨，说要降本增效，但我说，别的钱都可以节约，这个钱不许省。"陈东升说。

泰康已经有"五星上将"了。

持股计划并不只是绑住员工　先绑了老板

"金手铐"不是一个，而是一串。

到 2014 年，长期激励计划已结束四五年了，陈东升心里又慌了，和大家商量：还有什么"金手铐"吗？能不能搞员工持股？这个是最直接的，和公司捆绑最紧的，也是最长期的一个"金手铐"。

与之前不同，这一次，泰康要先找监管部门沟通，先做顶层设计，偷偷摸摸是不行的，到时候股份兑现不了，是不好办的。

正在此时，保监会也在研究员工持股计划。泰康赶忙带着自己的方案，前去磋商。

"先前的长期激励计划，是先用一个符号，用业绩单位，考核工作成绩，到期了再兑现股份，但股份没能发出来。这次的方案，直接就是对应股份，先有股份，员工通过持股计划参加。"朱久华说。

2015年上半年，保监会发布《关于保险机构开展员工持股计划有关事项的通知》。

制度创新也是有风险的，是要负责的。监管工作的思路是防风险，以逆向思维推演最坏的结果，以此来设计篱笆。比如，如果上市，造出一拨富翁，人家说国有资产流失，怎么办？再如，持股计划不能兑现怎么办？

泰康反复汇报、沟通、展示自我，聘请一流的人力咨询公司和律师事务所为项目顾问，整个操作力求规范、严谨、透明，员工持股方案都经过股东大会、董事会、监事会、薪酬委员会通过，独立董事要发表意见，包括什么样的人能参加，什么样的人需破例，个案要走全流程，报董事会逐个批。方案确定后，把全套材料报给保监会，包括参与人数、每人的认购数、认缴金额等，几十页的表格，纸质版盖上章，做不了假。最后由薪酬经理严超送到保监会。

水到渠成，泰康成为第一家员工持股计划获批的公司。

"在员工持股计划（推进）期间，公司的发展大家都看得见，每年有分红，个人财富也增加了，大家都高兴，人也留住了。也充分体现了公司司训中'分享成功、奉献社会'的核心理念。"首席人力资源官苗力说。

泰康总在寻摸"金手铐"，但这并不只是绑住了员工，首先是绑住了经营层自己,逼着自己马不停蹄。而选择继续追随泰康的人,一是看好泰康,看好陈东升的团队;二也是逼自己,为泰康添砖加瓦……

到泰康25年,员工持股计划也要到期了。泰康还得找新的"金手铐",也在酝酿新的员工持股计划。"新的计划一定是不唯资历,只唯价值和贡献,让奋斗者分享公司的成功。"苗力说。

插一句。2015年通知出来了以后,保监会一共批了4家保险公司的员工持股计划,泰康自我感觉良好,整个过程顺顺利利,初衷基本也都实现了。

除了"金手铐",泰康2010年还推出了企业年金计划,公司和员工共同缴费,积累未来员工自己的养老钱,退休时可以一次性领取,也可分期领取。到今年11年,企业年金的单位净值翻了一番。泰康第一拨退休创业员工已经享受到了这项公司福利,主设计者胡昌荣和杨伟真谈起来也倍感荣耀。"这也算是在更大范围内留住了人才。"苗力说。

08

次级债给手机加个充电器

粮草不继　蹚出次级债这条路

1996年，注册资本6亿元，2000年，外资入股11.6亿元，去掉2 000万元的发行费用，剩余17.4亿元，这是泰康外资入股后实际到手的股东资本。

之后，中国加入世界贸易组织，泰康全国布局，快马狂奔。然后，粮草眼瞅着怕是不继了。

偿付能力，这个即将"卡脖子"的大事，是在2002年底一次董事会上提出来要管理层关注的。陈东升锚定的偿付能力是保持在150%以上。

最早提出此事的是蒲坚，他是中信派出的泰康董事。因出身银行，蒲坚对资本状态很敏感，在银行这叫资本充足率。他说："除了股东出资补充资本之外，还有没有创新的？比如发次级债？"

陈东升生性谨慎，对资本这块尤其看重，"资本是金融家永远的痛"，绝不弄险。2003年9月董事会当任务布置下去，抓紧拿方案。尹奇敏任发债项目小组组长，副组长是徐徐和刘永军。项目小组聘请海通证券做财务顾问，海问律师事务所做法律顾问，中诚信做次级债券评级，安永华明会计师事务所做财务审计。正式申请赶在12月底前报到了保监会。

其时银行发行次级债已经实施，但在保险监管领域，还没有碰过。

泰康迅即与保监会资金部、法规部、财会部、人身险部沟通，众皆喜，以发行次级债方式补充保险公司偿付能力，对泰康和整个保险行业都是好事。2004年2月，中国保监会财会部先给出了批复，同意泰康"根据相关法律法规，结合本公司的实际情况，积极推进以次级债务补充偿付能力方案的实施"。

甚至，保监会相关部门还建议泰康把研究范围扩大到以次级债务（包括次级债券和次级贷款）补充附属资本，以及国际上通行的其他方式，多设计几套方案，在现行法规条件下尽快做成功，为建立一套相应的监管机制打前站。

2004年3月4日，在泰康大厦11层，泰康CFO兼首席精算师尹奇敏率徐徐、刘春红、朱久华、陈洪涛，与保监会的姜先学、赵宇龙、郭菁、犁莉玲以及海通证券人员会谈。保监会财会部财务监管处同意，与泰康项目小组协助草拟保监会的管理规定，修改定稿后报保监会领导审批。

财务监管处还要求，管理规定的第一稿要尽可能把关键事项纳入监管体系，并就每一事项列举可选方案。对于能否以对冲方式相互购买次级债，财务监管处表示，这可能会掩盖金融系统风险，保监会可能不会赞同。

偿付机制涉及两个问题，一是偿债基金的安排，二是资金账户管理的问题。

财务监管处认为，从埋论上讲，偿债基金和资金运用专户没有必要。然而，设偿债基金会增强投资者的购买信心，降低发行成本；设专户后，资金运用的限制会少一些。

至于发行担保，财务监管处认为，次级债务的准资本性质决定了其发行不能提供担保，这也是认可为次级债务的条件之一。

2004年9月29日，保监会发布《保险公司次级定期债务管理暂行办法》。10月25日，保监会批准泰康募集13亿元次级定期债券。

11月1日，泰康与民生银行、人保、北京捷通分别签订了次级债券买卖合同，其中，民生银行认购11.6亿元，固定年利率5.1%；人保认购9 000万元，浮动年利率R+272bp[*]；北京捷通认购5 000万元，浮动年利率R+272bp，期限6年。

11月2日下午，13亿元到账。

之后，新华等陆续跟进，次级债自此成为保险企业补充偿付能力的一个手段。

插一句。1992年陈东升申请办嘉德国际拍卖，亦是企业与监管层互动，共同学习和培育市场。当时文物拍卖行业的法律法规几近空白，只有一部《文物法》，还成了新行业萌芽的阻力：文物专营，不许民间涉足。怎么办？只好绕开《文物法》，把拍品范围定义为工艺品，最后以中国画研究院的名义申请。1996年《拍卖法》颁布施行，打破了此前文物部门的垄断。2002年和2007年，《文物法》两次修订，允许民间经营文物拍卖。其中一些条文和细则就是当年嘉德与文物局参照国际规则商议确定的。嘉德先行一步，承担了风险，也抓住了先机。

---

[*] 浮动年利率R+272bp指，人民银行公布的一年期整存整取定期储蓄存款利率（R）上浮272bp（bp指基点，一个基点相当于万分之一，即0.01%）。

附录 泰康发债项目小组会议纪要(节略)

时间:2003 年 10 月 16 日

发债项目小组第一次会议就次级债的概念、公司发行次级债的规模、预定利率、发行期限、发行对象选择和发行时机选择等问题提出了建议和设想,形成如下结果。

发行方式:选择定向私募的方式。

发行对象:主要为公司现有股东,同时面向合格的外部潜在机构投资者和其他投资者发行。

发行时机:由于 2004 年市场利率可能调高,为了降低发债成本,发债时间应尽可能提前,2004 年第一季度完成将对公司最为有利。

根据公司 5 年业务规划测算结果,我公司实际偿付能力额度将在 2004 年达到低谷,然后迅速回升。2004 年公司偿付能力缺口测算具体见下表(针对不同保费收入规模及偿付能力充足率)。

2004 年公司偿付能力缺口测算

偿付能力充足率	偿付能力缺口(亿元)	
	保费收入规模:200 亿元	保费收入规模:250 亿元
100%	0	1
130%	5	7~8
150%	7~8	11

增加偿付能力的三种选择

1. 财务再保

财务再保主要有年度更新续保和共保两种基本模式。年度更新续保是指再保公司以每年新业务的风险保额为基础来核算保费，而共保则是按约定比例将资产转移给再保公司，相应降低所承担的风险及偿付能力要求。

财务再保的主要优点是：（1）符合国际惯例，容易得到监管机关认可；（2）操作模式较为成熟，所需时间较短。主要缺点是：（1）需出让公司业务收入及潜在盈利，机会成本高；（2）产品或业务可能受控于他人，影响公司整体发展战略。

2. 增资扩股

通过发行股票补充资本金是弥补偿付能力缺口最自然的做法，具体又有公募、私募之分。对于公开发行股票，目前监管要求非常严格，有最近3年连续获得盈利等硬性指标，同时由于现有券商通道及审核制度，发行程序十分复杂。

相比之下，定向募集股票对发行主体的要求条件较为宽松，所需时间较短。但仍存在两大障碍：一是股票发行可能影响现有股权结构，容易遭到股东反对；二是如果认股价过低，将摊薄原有股东权益。

参考国内私募市场近期成交情况，对公司私募股价进行了初步测算。如果按每股净资产计算，约为11.92/8=1.49元，远小于公司内嵌价值；如果按可比公司（新华人寿日前私募股价）计算，约3.2元，对原有股东权益仍将形成较大冲击。

3. 发行次级债

次级债（subordinated debt）是指偿付顺序在一般债务之后的特种债务，具有公司附属资本的性质。目前国内对次级债尚无明确法律规定（国家开发银行在其金融债发行中已采用过此方法），而国外对此也没有统一、严格的界定。

《巴塞尔协议》规定："次级长期债务包括普通的、无担保的、初次所定期限最少5年以上的次级债务资本工具和不许购回的优先股。"

美联储则要求："具备附属资本职能的（银行）次级债，是指期限5年以上，在发债银行破产清算时，偿还顺序在高级债券之后、优先股之前，具备部分资本职能的债券。"

标准普尔评级公司的评级政策则强调，将保险公司债券认定为"资本"的主要条件包括：（1）债券的发行年限最好在20年以上，至少要10年；（2）该债券的本息偿付顺序应在一般债券和保单赔付之后；（3）如果该债券未能按时偿付本息，债权人不能据此要求公司破产。

保险公司发行次级债弥补偿付能力缺口的基本模式，是通过定向发行次级债务证券融资，作为附属资本，补充偿付能力。其主要优点是：（1）证券属债务性质，不会改变现有股权结构；（2）按国际惯例，可部分认定为附属资本（已得到保监会初步肯定）；（3）私募发行，所需时间较短；（4）如果发行成功，属国内保险行业创新，将提高公司声誉。但发行次级债也有其潜在困难：一方面，需要争取监管机关的全力支持，利用当前低利率环境尽快发行；另一方面，次级债发行属保险业内首次，需要争取投资者和市场的认可。

保监会已初步肯定了次级债补充偿付能力的可能性，对次级债的要求可能包括：（1）破产清算时次级债的偿付顺序在一般债券之后、优先股之前；(2) 次级债认可为公司偿债能力的额度不得超过净资产的 30%；(3) 次级债的本息偿付须经过监管机关批准。

法律财务精算高管访谈　高盛做尽调

高盛入股泰康，是在 2011 年。

2000 年外资入股泰康时，瑞士丰泰是外资大股东，之后它持有的泰康股份被瑞士信贷收购。2006 年，瑞士信贷又把持有的包括泰康的股份在内的保险业务卖给了法国安盛。2009 年，由于法国安盛在中国有合资公司，所以其决定出售泰康股份。

谁来接盘？

对泰康来讲，怕的是股权变动对公司的股东结构造成影响。另外，无论是早期的瑞士丰泰及瑞士信贷，还是法国安盛，都是大名头的金融企业。接盘者，最好还是同等量级的企业，人往高处走。

"还有，泰康经过十几年的发展，已熟知国内保险业，在经营管理方面，真心不希望引进一家同业。因为外资保险企业进入中国市场，除了友邦，其他都不太成功。当时有各种关系托进来想买泰康股份，但陈董都推了，只看好高盛了，它把泰康当亲儿子，绝不愿委屈泰康。后来，曾任高盛集团大中华区主席及合伙人的胡祖六，离开高盛后，还当过泰康董事。"朱久华说。

高盛于 1994 年进入中国市场，此后向中国政府和企业提供过全方位的金融服务，涉及中国移动、中国石油、中国银行、平安保险、中兴通讯、交通银行、联想、工商银行、中国海油、国家开发银行、建设银行等，高盛还是唯一一家作为主承销商，全程参与中国政府每次主权美元债务海外发售项目的国际投行。

2009年9月开始做卖方尽职调查，高盛有意参与后又要单独做买方尽职调查。高盛的李天晴来沟通尽职调查的安排，说也就做几天，但结果，法律、财务、精算、高管访谈安排一应俱全，他们请了一帮人，包括他们自己的团队，前后花了两个多月。泰康的投资一直好，高盛自己也是投资行家，不太相信有常胜将军，因此对资产公司的团队做了两轮访谈。"成为股东后，高盛对泰康的投资及段总的团队也还是服气的。"

2010年4月8日买卖双方签了协议，但最后是在2011年才完成的。原来，全球金融危机后，高盛在美国有官司未了结，中国保监会要看官司的结果，一直等到官司和解。

其中还有一个细节。因为高盛是金融机构，所以股权交易要有自己所在国监管机构的监管文函。中国保监会要这个文件，美方说"你得先给我来一个东西"。两家都没搞过这个事，就扯开了皮。后来通过卖方律师的关系，才让美联储给出了一个函，交易方才完成。

2011年3月4日保监会批准，法国安盛将其所持有的泰康13 300.512 4万股股份，分别向嘉德国际拍卖转让840万股，向新政泰达（新加坡政府主权基金）转让2 216.752 1万股，向高盛转让10 243.760 3万股。

高盛收购了泰康12.02%的股权，把泰康股价大大抬高。据说，法国安盛当年买瑞士丰泰时，泰康股份的价格并不高。经过了全球金融危机，转让泰康股份应该是赚了不少钱。

我们认为，泰康股价30多元差不多，没想到安盛在市场的询价六七十元也有人要。

高盛入股泰康后，双方签署了《战略合作谅解备忘录》，内容包括在海内外投资、风险管理、内控合规、信息交流、产品开发、培训等。2011年12月7—14日，泰康23名骨干赴美，在高盛总部接受了培训，内容有发展战略、组织效率、管理转变、人力资本等。13位高盛高管和外聘专家共授课17次，另有案例解析、提问互动、参观考察等。之后，又有几次泰康高管和后备干部到高盛参训，号"松树街"。

"高盛进来后，曾请了一个退休的CEO来泰康做业务调研，主要是个险和银保。我记得'金泰杯'就是他调研后提出来的。我们原来只有一个'开泰杯'，就是开门红，业务上去后就开始往下走。有了'金泰杯'后，一年里业务就有了两个高点，业务曲线就变成微笑了。"朱久华说。

国企投了1.8亿元　20年近65倍收益

泰康用17.4亿元资本金，一直顶了14年，做到2010年底总资产2 900亿元，这在保险业确无第二，有点奇异。

泰康一直有偿付能力这根弦，董事会希望一直保持150%以上，这个内部标准定得比较高。2011年，泰康预感到后几年偿付能力会有问题了，可能要低于150%了。这回泰康没有再发次级债，2012年12月12日，泰康向股东增资40亿元，每股2元。

"实际上，当时如果扛一下也就扛过去了，哪怕偿付能力接近100%，也能扛过去。这40亿元就是过渡性缓解了一下，2014年又开始大规模分红，之后几年基本是20亿元、40亿元、60亿元的分红，都还给股东了。"

做资本节约型公司，泰康一直在追求资本效率最大化。

"做企业的真谛，其实就是一句话：股东利益长久最大化。还要加一句，保护被保险人的利益，这是保险行业的特点决定的。股东利益最大化不只是纯粹的财务概念，不只是多赚钱，还有法学概念，也就是公司治理，建立公司长久发展的根基；有社会学概念，要诚信，保护被保险人的利益；有哲学概念，抓住国际标准，严守保险公司的偿付能力。"陈东升说。

有企业老板认为，股东、员工和客户三者中，要优先客户利益。陈东升不认可："要坚定以股东价值为核心，否则哪儿有员工的价值？哪儿有客户的价值？赚钱是本质、是基础，没有这个基础，上面都是空的，如何满足员工和客户的需求？"

虽然泰康明显向好，但确有股东来来去去，让陈东升心有不甘的是国企的离开。当高层提出混合所有制后，陈东升乐了，说："我们泰康这么多年，就是随着改革开放发展的，我们就是中国改革开放以来混合所有制的典型代表，有外资、有民营、有国有，而且股东都增值了。"

"刚办泰康时，要求主要发起股东资产 30 亿元，哪儿有那么多大民企？当然要找国企。其实国企是不错的，它有长期战略定力。"陈东升说。

但国企有个问题，早期一遇到困难，有的就走掉了；有的坚持下来，又觉得泰康这块股价不错，就把泰康股份卖掉去支持主业发展。它一卖，其他国有股东也怕了，说高盛进来肯定是要上市的，一上市，国有股转持，转社保，就亏了，于是也就走了。

陈东升曾派员遍访国企股东，试图留住它们。"2012 年，在雾霾最严重的那几天，我们把几家国有股东转了一圈，跟它们沟通，就是想留住它们。"朱久华说。

每一任国企负责人都有自己的想法，都有自己的政绩追求。

到 2019 年，泰康股东权益超 814 亿元，自成立以来向股东分红 225 亿元，初始资本 23 年增长超 173 倍。从净资产收益率、保费收入和净利润指标来看，泰康复合年均增长率不低于 50%。

"国企能坚持下来的都赚了大钱，进来时基本上是 1 元进的。走得早的赚了个利息钱，中间走的有的赚个几倍，有的十几倍。25 年前，最后离开的 5 家国企在泰康投了 1.8 亿元，通过产权交易挂牌，拿走了 115 亿元，还有 11 多亿元的分红，把 2012 年的过渡性增资刨去，算下来近 65 倍收益。"朱久华说。

插一句。

资本退出企业的方式，除去私募接盘之外，最常用的就是进入公开市场，企业就需要估值，需要上市。胡祖六、周国端都是资本操持专家，他们一直对泰康的估值抓瞎：对保险公司的估值是成熟的，但养老社区和医疗，更多是与房地产、服务、定息债券的现金流有关，对其进行估值是不同的评价体系，因此对泰康这样的混业综合公司的估值就复杂了。估值错了，如何上市？

对于上市，陈东升很坦率地说："很多人把上市当成个炫耀，资本和员工也有变现的需要，但对企业来说，上市的目的是筹资，但泰康 300% 的偿付能力，不缺钱。上市不好的方面，就是容易被资本的短期利益所左右，股权分散后出现纷争，一个好企业一夜之间就可能变坏了，很尴尬。"

"泰康现金流 10 年内都没有融资压力，泰康肯定会上市，但没有必须在某个市场不好的时间点上市的压力。"陈东升表示。

⓪⑨

1 008人零点守夜　轻舟寻渡

双佣金　一个低配的雷

泰康的出世，似乎就是为了与新华相伴相随、相衬相争的。

泰康与新华都做寿险，1996年建立之初规模相似。陈东升与关国亮都是青年才俊，外场内功都极了得。

当然，泰康与新华大不同。风格即人，泰康的风格即陈东升。

从表面上看，泰康似乎更飘逸。

作为外场，泰康光环不断。"在非典期间，一年里我们几乎没做宣传，但还是很亮丽的，我们保费破133亿元。"乃至2003年4月3日SARS期间，北京市委书记刘淇率众到访泰康，体验泰康新生活广场。

2004年泰康荣登中国企业500强，排第136位。这一年，泰康保费177亿元，新华188亿元，彼此彼此。

然而，回到市场厮杀中，情形就不那么飘逸了。竞争不仅同质化，并且是针锋相对的，有你没我的，有铁有血的。

据报道，那时泰康在二三线城市跑马圈地的战役已经结束，陈东升认为，要回归中心城市，要屯兵北京、上海等大都市了。于是，2004年初，泰康宣布实行双佣金刺激，一个代理人在一段时间里完成一定量的保费，就可获得双倍佣金。

泰康图谋迅速聘才增员，一举抢占高地。

受此刺激，泰康上海分公司代理人从2003年底的1 200余人，飙升到2004年5月的近6 000人。但是，双佣金的漏洞很快就被发现了：对某些险种，在拿完双佣金之后，立即退保即可套利，最高可赚20%。

此雷，这之前并非首创，这之后也来者不断，但还是让泰康踩上了。

泰康很快明白过来，连下4道文件刹车。这使得泰康上海分公司代理人数量被打回原形，最多时有30个营销部，撤并至15个。

2004年泰康"中心战略"首战上海失利后，2005年1月，陈东升携泰康副总裁兼人力资源总监胡昌荣抵沪，由此带来了一系列人事地震。

泰康上海分公司总经理杨伟民号称纽约人寿三大华人经理之一，出身外勤，场面热络。用了两年时间，陈东升才把杨伟民从美国请来。杨伟民负责个人营销，副总经理张润生主抓团险，银保业务则由泰康武汉分公司调来的副总经理罗丁操盘，貌似梦之队。

对麾下战将，陈东升并不唯亲是重。然而，自己亲选的海归，还会踩这样低配的雷，足见马谡之普遍，用人之惭愧。

此次，杨伟民被削权，胡昌荣前来坐镇，并且有新的财务支援，以及对部分代理人实行员工制的试点计划，上海战区重新布阵开张。

局面貌似完满了。但内部的情形，水与火，硝烟与眼泪，痛苦与欢乐，沮丧与激情，只有当事人才能咂摸出滋味。

零点精神　我们为泰康守夜

泰康的上海故事，映射了市场的残酷和泰康的焦虑。有了焦虑，动作就容易变形。

2001年、2002年、2003年，泰康全速前进，每年都是复合增长50%。2003年，更是有傲人的133亿元的保费收入。

3年扩张，机构"大跃进"，规模上了平台，但同时又消耗了泰康的有生力量，野战军不得不退守城堡，守住坛坛罐罐。

正是在2003年高涨之时，在当年的年终总结会上，陈东升提出，泰康到了拐点。

2004年在北京月亮河度假村召开的年中工作会议上，陈东升再次警告，泰康面临增长、利润、品牌三大挑战，提出泰康要转型，从过去靠铺设机构的增长模式，转变到内涵增长的轨道上来。

在泰康江苏分公司的一次座谈会上，有员工提到，在发展中转型，在转型中走向卓越。陈东升听了觉得好，在2005年的计划工作会上，陈东升的报告题目就是《在转型中走向卓越》。

实际上，2004年泰康的业绩尚可，保费收入177亿元，增长32%。何来忧愁？小题大做了？

但该来的还是来了。2004年底，银行升息；2005年初，保监会新批筹的保险公司纷纷升旗，准备开门迎战，各种喧哗，各种挖角，搞得泰康人心浮躁——2005年第一季度，泰康保费收入同比减少20%。

2005年5月30日晚，在泰康北京分公司，总经理苗力带领员工，为月底冲刺业务守夜到零点。这一天，陈东升加入了。

6月29日快下班时，陈东升令办公室主任方秋霞发出通知，第二天晚上，半年业绩截止日，泰康总公司B类以上干部集中到泰康大厦11层多功能厅，通过网络，与泰康全系统一起守夜。

6月30日晚，陈东升拈过一张营销业绩报告表，在背面密密麻麻地划拉满了字——《零点宣言》。

7月1日零点26分，刘经纶主持，陈东升宣读：

"在这里，我要强调，不管是完成任务还是没有完成任务的分公司，只要我们努力战斗到最后一分钟，只要我们尽了最后一份责任，都是英雄，都值得我们尊敬，这就是我们泰康人的精神。

"市场瞬息万变，每一个分公司所处的环境不一样，有的困难大一些，有的小一些，但不管外部环境如何，只要我们能秉承泰康人的精神，建立资本节约型公司，秉承职业经理人的天职，我们就会一步一步地逼近我们的目标，就会迈向成功。

"今天，我们在午夜召开这样一个会议，不是董事长在标新立异，也不是管委会心血来潮，确实是我们遇到了严峻的挑战，我们要向自己挑战，不断超越自我。在此，我郑重提出《零点宣言》：弘扬泰康以人为本的企业文化，发扬泰康人敢打敢拼不畏艰辛的创业精神，发扬泰康人爱司敬业的职业经理人精神，发扬泰康人战无不胜的团队精神。

"完成任务是职业经理人的天职。我们要捍卫泰康人的尊严，捍卫每一个人的荣誉。我们奋斗不息不仅是为了公司，也为了我们崇高的职业，为了我们身边可亲可爱的家人，为了我们十几万内外勤员工和我们自己……"

注意，陈东升还是接人气的：完成任务，也是为了家人，为了自己。

子夜时分，75亿元，泰康半年任务目标完成。

但泰康人还没有散去，分布在全国的29家分公司，1 008人，一直守候在电脑终端前，持续交单到凌晨6点，当日完成标准保费4 000万元。

到年底，泰康系统成功完成当年计划。

从那一刻起，"零点精神"成为泰康人的独特精神标签，并不断衍生出新的内涵。

零点会议已演变为泰康人的一个仪式，每年6月30日，不是除夕，却要上下一起守夜。

这算什么呢？平地起高楼，忽悠造神仙？就像阿里巴巴造出"双十一"光棍节？

"实际上这是一个概念，借用这个时点，提出一个目标，激励大家。机构扩充的3年中，我们进了很多干部，各个方面来的，有不同的脾气、想法和习惯，用零点精神，确实能把大家归拢一下。"刘经纶说。

"零点精神肯定是被困难激发出来的，不论是国家还是公司，都是在困难中前进的，遇到困难才能激发出智慧，遇到困难才能看到人的潜能，遇到困难才能分出人的好坏，这就是零点精神的起源。"陈东升说。

在泰康，精神气质确实受到推崇，所以才高堂悬挂《革命理想高于天》。

规模与效益　陈东升 PK 关国亮

"嗨"过之后，泰康仍然要面对保险公司永远回避不了的老问题：规模与效益，速度与实惠。

2006年1月13日，在全国保险工作会议小组讨论中，陈东升与关国亮有过一场 PK（比拼）。

陈东升说："很简单，保险公司是要赚钱的，是要扎扎实实地赚钱的，正是遵循这个大原则，泰康目前不打算再增资扩股，不着急扩充规模。相信中国人寿和平安在海外上市后，肯定都深有体会。没有效益，股东挣不到钱，股价就上不去。"

关国亮则对着干，他表示："我认为规模是最重要的，如果没有规模，品牌就形不成，效益就难上去，上去也是小效益，我们需要的是有效益的高于行业平均水平的快速发展。"

两人讲得都有逻辑，滴水不漏。但显然，两人侧重点不同。

中国人寿董事长杨超插进来说，效益是核心这句话没错，没有效益股东肯定不买账，"但是，在国外有这样一种普遍现象，没有规模就没有行业地位，没有行业地位就没有品牌，没有品牌就没有价值"。

其实，所有能摆在桌面上的 PK，都已经不是真正的 PK 了，已经没有硝烟了。到底是要规模还是要效益，要什么样的规模和效益，什么时候要规模，什么时候要效益，这些都在陈东升、关国亮和杨超们的肚子里，与 PK 无关。

真正的 PK 绊倒了关国亮。

2006年10月8日，国庆假日后的第一个工作日，业界流传已久的新华董事会之争终于浮出水面。当日新华经营层得到通知，董事长关国亮配合保监会的调查，工作移交给总经理孙兵。

有报道称，围绕着董事会换届及关国亮的去留，新华董事会及股东分成两大阵营。在"倒关"阵营，第一大股东苏黎世保险集团是外资保险巨头，第三大股东宝钢集团则是国企，两者联手掌握了多数股权，股权超过52%。"倒关"股东称，新华资金运用异常，有数以亿元计的资金投资及对外担保，他们却"毫不知情"。

"挺关"阵营则以东方集团等民企为首。

有趣的是，在新华事件上，外资与国企联了手，而一般认为，外资与民企的血缘关系似乎更近。朋友和对手的划分，也是与时俱进的。

说起来，所有这些股东，不论中资还是外资，都是关国亮一个个百里挑一请来的，呕心沥血，确实也曾关系融洽。但关联到钱，关联到新华资本运作，关联到新华走向，关联到自己的股本盈亏上，资本的本性就显露出来。"呕心沥血""兄弟情谊"，都算不了什么。说它冷酷也好，说它铜臭也罢，反正资本要说了算。

在业界，关国亮以善用资本著称，他本人也以此自豪。而此次事出，恰缘于资本运作。

据监管的调查，关国亮利用职务之便挪用新华资金总额约130亿元，至2006年10月仍有26亿元的资金窟窿。之后，保监会动用保险保障基金16亿元填补，受让隆鑫集团、海南格林岛公司和东方集团所持股份，转让后保险保障基金共持有新华27 036万股股份，占总股本的22.53%。

2007年11月20日，保监会召开新华股东会称，关国亮已被移交司法机关处理。注意，"保监会召开新华股东会"，因为其时，保监会是新华的大股东。

后中央汇金接手保险保障基金入股新华。

保险保障基金及其后的中央汇金都是国有资金，加上宝钢等国企，新华应该算国有控股了，民营的色彩淡了。

后来的新华，还有故事。2010年审计署对中国人寿进行审计时，查出一份蹊跷的保单，这是一份给包括新华前总裁孙兵在内的47名新华高管购买的补充养老险，高管们退休后可以享受年金收益及医疗费用的报销，其中孙兵退休后每月可领取9.28万元，如按80岁身故测算，共可领取约2 665万元，加上医疗费用可报销部分，孙兵每月所获权益最高可达11万元。

对于这份罕见的高额补充养老险，有两个问题值得一提。其一，这份退休福利是2009年3月由新华总裁办公会议决定购买的，未经过新华董事会。

东家干什么去了？新华的一位董事表示："一开始董事会还以为是一年9万元，没当回事。"

其二，新华已是国有控股企业，那些高管还有权力拿如此巨额的退休福利吗？

可对比的一例是：当时全球金融危机来袭，美国财政部入资了一些美国金融机构，于是在资本主义市场经济的美国，奥巴马可以狠巴巴地喝令这些金融机构的高管限薪。

逻辑总是很诡异。

县域战略　满眼都是泰康墙

相对而言，虽然泰康股东也是进进出出，但股东与经营层的关系是融洽的，是可沟通的；虽然泰康股东与管理层也有不一致的时候，比如长期激励计划纳入骨干营销员，但最后还是圆满解决了。

怎么做到这一点？除去陈东升本人的人情练达、公开透明、守法合规外，应该还是治理结构起了大作用。其中最重要的当是，陈东升本人不仅是职业经理人，同时也是股东，是真老板。

陈东升崇尚精神的力量，但精神的力量也是有限的，而发展是第一的，泰康一直在探路。

"我们沿海战略已经铺开了机构，但在县以下我们还是不行。你看中国人寿，在乡下有13 000家网点，平安也在搞二元战略，有很大的市场在县域这一块。"

2007年，社会主义新农村建设掀起高潮。这是什么？就是县域经济嘛。

陈东升善讲战略：泰康为什么要做县域战略？中国社会将来要从金字塔形变成橄榄形，农村富裕的人会下沉，手机、摩托车、人寿保险，这是农村的新"三大件"。与中国人寿、平安竞争，在城市打阵地战、肉搏战，泰康没有胜算，但在县域可有一争。

"那时候陈董很焦虑，说泰康的底子打得很好，战略明确，有这么多高素质的人，为什么做不过竞争对手？继续率变得糟糕，保费和队伍也萎缩得很厉害，所以他老是跳出来督战，还说是别人逼着他跳上前台的。陈董的焦虑是经常性的，面子里子都焦虑，后来他老往浙江跑，说万一被马云消灭了怎么办？"姜敏说。

"就是要先做起来再说，先往起跳，哪怕后来掉下来，也比原来高一块。"

泰康设定，县域战略3年要做8 000家店面。相比中国人寿的13 000家，不多。"我们要成为前三的大保险公司，就不能单单回到中心城市，不能单单只是三级机构，我们要开四级、五级机构，要到县、镇。"

泰康提出"双超",超新华、超太平洋。

姜敏主抓县域战略,申建机构,竖旗子,拉队伍,日夜赶路。

"我在河北干过,开始都是在市区做,在石家庄做,建起来挺快,但之后人员流失也是很高的。反倒是在郊县开服务部很稳定,而且非常省钱。有个叫杜志军的营业部经理投奔过来,我问他要什么资源,他说什么都不要,给他一个番号就行了。在县域,竞争对手很弱,只有一个中国人寿,中国人寿的老大妈骑个摩托车,收保费很厉害,但他们的基本法、组织发展力不行。"姜敏说。

然而,县域战略给了泰康CFO尹奇敏很大的压力。"第一年要开3 000家门店,每家给50万元开办费,然后保费只有一点点,赔一家可以,赔仨月半年可以,但要是遍地都赔,一赔就没头了,这是做事情的样子吗?"

3 000家机构,3 000个经理,去挑、去找、去培养、去考核。在乡下,哪里有那么多的人才、那么多的业务员、那么多的业务、那么多高产能的好业务?门店要麦当劳式,员工要有专业形象,墙体广告要亮丽,这些都得要钱堆起来。

其实,固化的墙体广告,比电视广告省钱,有视觉冲击力,适合乡下。一张保单保全家,橘黄色的,满路边都是,确实是一道泰康风景。但反过来,有些经理借墙体广告夸大自己的劳作,领导一来,满眼都是橘黄色的"泰康",形势大好,应付呢!

有的机构,开业时来了1 000个人,过了仨月就剩100人了,大家乌泱泱出门,悻悻惶惶回来,今天不知明儿的事,一个月连50万元的标准保费都做不到。当时,泰康在江苏、浙江、湖北等地的分公司,八成的三四级机构月保费收入没过万元。

这日子怎么过?陈东升大喊"消灭50万",就是要拿掉那些不到50万元标准保费的机构。

"大干快上嘛,我去跟保监局要机构指标,他们还很不高兴,不乐意批。刚开始开机构还是合法合规的，后来就乱了，有的根本就没牌照，职场也空着，地上一层灰。有的人不计代价，把趸交都当成期交，算成标准保费。其实城镇化以后，除了留守的老人孩子，有点本事的都出去了，钱财也就走了，新农村就空心化了。当时我也有疑问，董事长最早是精英战略，是中产，怎么突然就……"当时的泰康河北分公司总经理程康平说。

注意，机构指标，番号，这真是个大问题。最初似乎没有太当回事，杜志军说："你给我一个番号就行了。"

从监管角度看，确实是希望稳，不希望天下大乱，新人进去了，就变成"三国杀"了——这挫了泰康县域的势头。

2008年9月，保监会停止实施《保险公司营销服务部管理办法》，不再批复服务部开设。至此，泰康已开设乡镇服务部2 366家，持证率只有49%。

"裸奔"是不行的。"只好大规模撤店，查封。那时候打架、闹事、上访之类的都有，没有职场到哪里去开早会？内勤人员怎么安置？外勤的基本法是血缘关系，底下的血缘被掐断，自己就得降级，降级就得跑到别的公司去了，队伍的信心大受打击。这是很大的一个挫折，是硬着陆，咔嚓一下。"姜敏说。

反复汇报，反复沟通，认真查改，努力合规。2009年5月，保监会下发《关于妥善解决农村遗留营销服务部问题有关事项的通知》。之后泰康获批800家牌照，门店持证率上升。2009年9月，保监会下发《保险公司管理规定》，县域机构门槛提高。此前，泰康抓住了低成本进入的时机，机构数量仅次于中国人寿，遂成格局。

有议论："3年没超新华，反被新华超了，新华把我们拉大了。"

泰康县域战略失败了吗？刘经纶表示："现在回过头来讲，或许也不叫失败，只是不是很成功。保险有特殊的属性，中国人寿在县域做得多，是因为它的机构一直到最基层，这是历史形成的。但平安、泰康就不能这么做，时代不同了。说泰康的县域战略失败了，我持保留态度，它不是失败，只是把这个概念淡化了，有效益的县域还是保留下来了，让它自然发展，比如山东、四川的县域比例都不低。像广东虎门镇，比一个市都强。"

对县域战略的得失，陈东升并不避讳，时时提起："县域战略虽然保费增长很快，但问题很多，表面上是机构发展过快，管理和干部跟不上，更重要的是银保渠道的短期保费占比较高，质量差。"

何以形成这种局面？"虽然说我们一路是赢在战略，但执行力必须跟上，基层必须认同战略。那时候所有干部不理解，但我觉得自己是董事长，是CEO，我说什么他们去做就行了，强行推这个战略。他们迫于压力做了，但动作变形，严格讲应该是失败了。这件事教育了我，后来再制定新的战略，一个很重要的经验就是，先要在各个层次形成共识。"陈东升说。

多年后，陈东升对县域战略的教训简单多了：什么事都不能行政命令，不能搞运动，企业如此，国家也如此。

"确实有人抵触、应付县域战略，他们总是用自己最熟悉的、最成功的经验去看待一个新战略，去应付新战略。要不是我在河北干过，我也会被下面骗。"姜敏说。

如是，两三年间，泰康探路兜了一大圈，又兜回来了——从沿海兜到中心城市，又兜回广阔县域；从规模兜到效益，又兜回规模。

从更长远看，泰康县域战略受挫或许是因祸得福：如果县域发展顺利，泰康还会苦苦求索出路吗？当养老社区需求露出萌芽，泰康还肯离开舒适区而外出探寻医养吗？

这样，保险业或许会多出一个大的传统公司，而不是一个新的商业模式。

10

走在铺金大道上手有余粮

领导也不客气 这话有点大了吧？

2006年上半年，段国圣参加摩根大通的考察团，去了一趟香港、台湾，前后十几天，蛮长的。

"在台湾，和那些跨国公司的人聊，我形成了一个非常强的概念，就是当新兴经济体起飞时，币种升值，资产价格，特别是股票市场，会大暴涨。但暴涨以后，第二年就会腰斩。台湾就是这么一个典型的过程。1986年台湾货币开始升值，1987年到1989年股市暴涨，1990年却暴跌，最大跌幅80%。"多年后，泰康资管掌门段国圣还特别感叹这趟出访。

2006年，保监会领导到访泰康。轮到段国圣发言，他说："我们争取3年内把净资产干到30亿元。"这位领导也不客气，直言：

"国圣这话有点大了吧？"

按规定，当时保险公司的总资产中，15%可以买卖股票，就是100亿元左右。

指东打西，左右腾挪，泰康斩获丰盈。到2007年底，泰康股票持仓市值达400多亿元，较成本翻了好几倍。"当年我们股票和债券的综合投资收益率达到48%，财务口径收益率是22%，兑现了155.18亿元的收益，还留有200多亿元的浮盈。这150多亿元的收益中，大部分属于客户，但至少有40亿到50亿元成了公司的净资产。那年在公司总收入中，我们资管的贡献占了32%。这是我们的第一桶金。"

2006年11月21日，泰康公布特别红利方案，向客户派发18亿元现金红利。若财主手里没有余粮，是舍不得发红包的。

两年中，泰康总资产从2005年的555亿元增长到2007年的1 372亿元。之前，泰康总资产每年也就是几十亿元、一两百亿元地增长。

2007年大牛市后，泰康一举跨入大中型保险公司行列。

然后，2008年怎么办？股票出不出？仓位减不减？出了，股市涨了，别人都赚钱了，就被大家耻笑了；不出，股市砸下来，赔了钱，怎么号都没用。

这时候，泰康资产的预警体系启动了，台湾的故事也提醒了段国圣。

2008年第一季度，忐忑着，泰康把能出手的股票都出了。到年底，泰康的财务口径没赔钱，还有8%多的回报。在行业的哀鸿遍野中，泰康灿烂招眼。

泰康资产猛将云集。在公开市场投资，一段时间曾有两位首席投资官，都是女剑客，邢怡负责股票，倪莉操持债券，后来倪莉分管中后台，股票、债券就都堆给了邢怡。现在，苏振华操盘固定收益投资。

实际上，2008年8月8日北京奥运会开幕时，监管机构还没有意识到全球金融危机。而段国圣隐约觉察到了，第一季度卖了股票，年中又调动杠杆，搞了六七百亿元买债券。北京奥运会后，形势渐渐明朗起来。到2009年初，段国圣一看中国人民银行公布的贷款数据，天量呀，吓坏了，遂抛债。

"你查查看，2009年三四月份，债市有一个坑，那就是我砸的，有五六百亿，我的债基本上全干掉了。有点吹牛吧！"

为缓和气氛　保尔森单膝下跪

不是吹牛，是顺风。段国圣引以为傲的第一桶金，不过是借势而起，撞在了风口上，想不飞都不行。

中国股市有一个原罪，就是股权分置。监管机构屡屡痛下狠手要割掉这个孽障，1998年下半年试了一下，未果；2001年又闯了一次关，这次被称作国有股减持，却闹出大动静，末了紧急勒马。

尚福林接手后，图谋继续闯关。据说，报到证监会的方案有几千种。2005年4月29日，证监会发布《关于上市公司股权分置改革试点有关问题的通知》，改革正式启动。

当时证监会担心的是大盘疯长。但证监会错了，搞反了，股市大跌。最恐怖的时刻来了：2005年6月6日上证指数跌破千点！998点！

尚福林不说话，继续下狠招儿。6月19日星期日晚，没有任何征兆，证监会突然启动股权分置改革第二批试点，抛出42家上市公司——一个远超市场预料的阵容，涵盖央企、地方国企、民企和中小板。

终于，市场低卜高徽的头，股价渐次回暖。至2006年底，累计完成或进入股改程序的公司达1 303家，总市值60 504.47亿元，约占沪、深A股总市值的98.55%。这一年，上证指数上涨130%，冠居全球。18个月，上证指数从1 000点以下跳升到2007年1月的2 900点，A股一举跃升为全球第三大IPO（首次公开募股）市场。

自此，中国全民理财模式开启。2007年10月16日，上证指数历史性地站上了6 124.04点的高度。

但是，美国已然感冒了，打喷嚏了，而中国群众还不知道。

2008年4月，一向以语言含混著称的美联储前主席艾伦·格林斯潘难得口齿清晰一回："美国次贷危机50年一遇。"9月7日，美国财政部宣布接管"两房"（房利美与房地美）。

大家松了一口气，以为嚷嚷了一年的次贷危机结束了，全球股市应声大涨。但是错了，更大的危机还在后面。

9月14日，美国排名第三的投行美林证券被出售；9月15日，有158年历史的全球第四大投行雷曼兄弟宣布申请破产；同一天，道琼斯指数下跌了500多点，标准普尔500指数下跌近5%，当天美国股市损失市值6 000亿美元。格林斯潘改口了：美国的金融危机"百年一遇"。

更严重的是，9月15日，美国最大的金融保险企业AIG股价崩塌，单日降幅达60.79%，市值缩水逾180亿美元。AIG宣布，寻求750亿美元的资金救助。美国财长保尔森一口回绝了AIG的请求，而美联储却宣布为AIG提供850亿美元的贷款。

大到不能倒，AIG做到了。

但贷款条件异常苛刻：给AIG的850亿美元不是注资，遵照美国《联邦储备法》第13条第3款，授权纽约联邦储备银行向AIG

发放贷款，贷款窗口的有效期为24个月，利率为3月期LIBOR（伦敦同业拆借利率）再加850个基点。贷款将以AIG的全部资产为抵押，美国政府将持AIG 79.9%的股份，并有权否决普通股和优先股股东的派息收益。AIG股东不得不接受这个残酷的价码。

9月25日下午，美国总统小布什、两党国会领袖、两党总统候选人在白宫开会，讨论7 000亿美元的救援方案。会议结束后，保尔森为缓和气氛，在众议院议长佩洛西面前单膝下跪，请求她支持救市方案。想想吧，秃头、大个儿、霸气的保尔森大爷，下跪了？

终于，中国人民银行也醒悟了，"救经济，救股市"被提到战略高度，政策陡然从压通胀转向保增长。在9月15日雷曼兄弟破产的消息传出几小时后，当晚17时，中国人民银行手疾眼快宣布下调1年期贷款基准利率0.27个百分点。接着，国务院"4万亿刺激计划"公布，M_1（狭义货币供应量）及M_2（广义货币供应量）增速接近30%……

正是在这个跌宕的风口，泰康起飞了。

插一句。并不是所有人都能随风飘扬的。2008年10月21日，中信泰富在香港复牌，开市便狂泄不止，两个交易日内市值从318亿港元跌至108亿港元，中信泰富主席荣智健只好赴京寻求母公司中信集团提供15亿美元（约117亿港元）的贷款安排。这是全球金融危机引发的中国金融资产损失的第一例。

开泰铁路债权计划　保险业头一遭

1995年6月，段国圣去了平安。2002年底，他又转投泰康，掌管投资部。到了泰康，段国圣的薪水少了一大截。不仅是薪水，段国圣的平台也小了不少。平安有2 000多亿元的资产，而泰康，只有60多亿元，"像一个创业公司"。

当时保险资金不能做股票，只能买卖债券，搞协议存款之类的。做债券也很高大上，很严苛，金融债只能是国开行、进出口银行和农业发展银行的债，企业债只能是发改委批的，其他莫动。

段国圣说："我来泰康做的第一单就是买国开行的债，2003年元旦过后，借钱干了30多亿进去，几个月后卖了，赚了一两个亿。企业债不好买，一级市场买不到，2005年7月那次，我带着几个人跑到上海转了好几天，一个个地去拜码头，收了很多债。后来债市涨得厉害，狠赚了一笔，那年泰康艰难，真帮上了忙。"

2005年12月，泰康资产管理公司通过验收，这是段国圣事业偾张的新平台。除了在债市、股市这些公开市场忙活，段国圣还盯着非公开市场，盯着基础设施和不动产。

2006年青藏铁路开通，一位中央领导去剪彩，铁道部说要建更多的铁路，很多很多。领导问："钱从哪儿来？"回道："保险资金可以呀，我跟保监会聊过，可以做这个事。"

"后来跟铁道部谈判，谈京沪高铁，我是保险业谈判组组长。谈得很艰难，各种政策障碍，差一点谈不成。我提出，可以通过债权计划融资。这之前，国务院批准了《保险资金间接投资基础设施项目试点管理办法》，500亿的额度。何不借此一用？"段国圣说。

末了，3年期的京沪高铁债权融资项目，"泰康－开泰铁路债权计划"谈成了，总额100亿元，平安出70亿元领投，其他保险公司出30亿元。

100亿元在保险机构不是大钱，但在2007年初，却是保险业基础设施与不动产的第一单，是非公开市场项目的第一单。不论后人看来多么寻常青涩，但只要是开创者，那就是老师傅，就有资格把别人拍在沙滩上，然后被拍。

之后，泰康牵头与中石油等企业合资成立中石油管道联合有限公司，西气东输，那是2013年6月，360亿元的资金。"西气东输管道回报很稳定，6.5%。但按我们一般的回报率来看，这不是最理想的。老板说：'还是投吧，我们民企还是要支持国家建设。'"段国圣说。

泰康频频出手：

- 发起设立泰康–上海水务债权计划；
- 泰康–山东高速城镇化基金基础设施股权投资计划，投资120亿元；
- 参与招商局华建公路改组，投资30亿元成为招商公路公司第二大股东；
- 泰康–广东高速公路债权投资计划，投资40亿元；
- 与成都市共同设立和投资成都发展基金（一期），总投资300亿元……

"我花了好久才想明白，基础设施投资就应该是保险公司的菜，保险公司有长期的、大规模的资金，这类投资回报率不高，但非常稳定。现在负责这一块的是李振蓬。"段国圣说。

今天的投资回报　是5年前干的活

学数学的段国圣，拿眼一瞟，就知道对方几斤几两。对项目，更是三七二十八，要多赚一个七。但段国圣不是书生，绝不书生，上得厅堂下得澡堂，他身上夹杂着豪气、侠气、匪气、鬼气。

但有两件事例外。一是国家的项目，民企要有承担；二是和泰康战略有关的项目，比如医院、养老社区，"可能只能赚五六个点，但这是战略协同"。

百汇，全球第二大医疗集团在中国的公司；柏盛国际，一个做心脏支架的新加坡公司；迈瑞医疗，创业板历史上最大IPO；无锡药明康德，全球领先的新药研发服务机构；还有天士力大健康产业基金、拜博口腔、信达生物、华大基因、三博脑科等——寻找，买卖，领投，战投，段国圣们紧忙活。

2011年9月，泰康继中国人寿之后，与平安同日斩获PE（私募股权投资）牌照，自此杀入一级市场。

菜鸟段国圣，没有资源，没有研究能力，如何进行PE？就抄作业，率先模仿——找市场上最好的几家PE公司，我做你的LP（有限合伙人），你跟我签战略合作协议，你有项目拿给我看看，我看得上，我就参与。

段国圣说："说实话，我们PE做得非常吃力。也赚过钱，如美国的乐信、无锡药明康德能赚许多倍，卖早了点，信达生物、华大基因都赚了些钱。但也走了不少弯路，也有很臭的东西，不好意思说。理论上PE应该比公开市场赚得多，但我们公开市场的回报是27%，而PE只有16%、17%。但我能吸取教训，这几年我们开始有一些独立的项目，估计2021年会有不少项目上市。"

如今，泰康资产公司认知了几个细分赛道，开始专业布局。一条线是做药物，最早是跟着几家头部企业的基金做；另一条线是金融科技，投了一些企业，度小满、乐信、微银、连连科技；还有就是物流，跟物流相关的供应链、跨境电商。

"大健康是我们陈董提的，里面的医疗服务较难赚到大钱，但药、器械、'医疗+'是有机会的，医疗里面又分消费型医疗，比如医美，科技里面包括生物技术、工业升级——这些是轻资产，不适合债权投资，只适合股权投资，在这些细分赛道里，要耐得住寂寞，去布局、积累，几年后自然就会赚到钱，今天的投资回报，是5年前干的活……"段国圣说。

据统计，2011年9月—2019年3月，以泰康人寿为投资主体参与的首发配售次数共4 586次，以泰康人寿产品为投资主体的打新次数共4 749次，以泰康资管为投资主体参与的首发配售次数共1 338次，以泰康资管产品为投资主体的打新次数共13 421次。同期，泰康系参与打新的数量，占所有保险公司打新总量的13.75%，位列第一。

做股票、基金、债券、基础设施和不动产，再做PE，接着是海外投资。

2017年3月，泰康跟投中投公司，投1.95亿英镑于英国天然气配送管网项目，完成第一单海外基础设施股权投资，是商业性的，很稳定。

接下来有HPC（英国欣克利角C核电项目），是中国"一带一路"倡议在发达国家的第一个项目，由中国广核集团牵头，泰康跟投90亿元。

伦敦金融城是纯商业的，段国圣表示："我们看重的是它的稳定性，买的时候非常好，那个楼不大，当时2亿多英镑，有一半钱是带杠杆的，找美国大都会借的。但后来的情况有点超出我们的意料，英国脱欧、新冠肺炎疫情，都有点影响，大钱赚不到，目前看IRR（内部收益率）有10%。"

鸡蛋全球配置。

"投苏富比拍卖行，这是老板的情结，他对这个行业有很深的理解和认知，陈奕伦全程跟进，泰康香港公司操作，我也参与了投资过程。2016年7月，先后投了2亿美元，购得苏富比13.5%的股份，成为第一大股东。3年后苏富比私有化，我们出手，赚的比投的钱还多。"段国圣说。

苏富比老师傅被拍在沙滩上。

烦得发怵　从晚上6点蹲到11点

钱，其实就是两个问题：从哪里来？到哪里去？

钱从哪里来？中国缺少资本，特别是长期资本。不像美国，捐赠基金几千亿美元的阵势。西方有一些"老钱"，如洛克菲勒基金、罗斯柴尔德基金等。

中国勉强"长"一点的钱是保险资金，包括社保和商保。其中，社保储备是一块压舱石。但社保储备投资管理人牌照，泰康没有。

企业年金是一个持续多年的故事。2000年《企业年金管理办法》出台，鼓励营利性企业税前列支企业年金，最高不超过工资额的4%，个人再掏4%——一下子就没商业保险什么事了，保险公司要做企业年金，还得由劳动人事部门认定资格。

泰康必须要拿下这个资格。2007年泰康副总裁马云筹建养老金公司，从准备资料，到跑劳动部报批，很着急，又必须不急不躁。"有那么好几个月，每周都得跑，有时候周末也得去，我又不会打牌，烦得发怵。有一次为了见领导，我从晚上6点蹲到11点。"马云说。

第二批年金牌照拟发6个，除了保险公司之外，还有一大堆基金公司在抢。但据说，要想拿下年金管理资格，资产公司必须运营3年以上。

段国圣说："有规定一定要3年吗？而且，泰康资产成立虽然不到3年，但泰康1996年成立就有投资部，一直在做投资，已经做10年了，没出过大娄子。"

"在申请牌照的过程中，冯铁良主要做沟通工作，张敬国总撰材料。"

持续请示、沟通、磨叽。终于，2007年11月19日，泰康拿到了年金牌照，泰康养老、泰康资产分获受托管理、投资管理两个牌照，加上原来已获得的账户管理人资格，泰康形成了三位一体的企业年金服务体系。

现在泰康资产的养老金管理规模占到了第三方资产的近一半。如果没有这块牌照，会怎样？只有泰康人才理解它的稀罕、分量、必需。

"拿到牌照时，马上要过春节了，听说长江养老的金色晚晴企业年金计划在做委托账户招标，我们马上去上海，大年二十八投标。后来，我们在金色晚晴做得很好，在管理账户的七八家机构里第一，金色晚晴成了我们以后投标的明星案例。"马云说。

在企业年金上，泰康后来居上，很快就把所有的基金公司超了，最后超的是两家老大，到2018年泰康成为企业年金老大。"企业年金后，又有职业年金、基本养老金、退休金，光这一块就能有1万亿。"

在企业年金市场上，泰康资产公司的业绩一直高于业内平均水平，成为2008年以来唯一业绩连续多年排名业内前二分之一的企业年金投资管理人。泰康资产的企业年金管理客户已超过600家，有中石油、中石化、建行、中行、招行、国家电网等。

"只要出一个新的品种，只要行业里有，就一定有我们泰康资产。我还折腾了一个公募牌照，当时搞成内部的事业部做公募，这是行业里的第一，也是整个证监系统以外的第一家。后来发现还是得分出来，得成立一个公募子公司，又折腾一遍，快挂牌了。这一块是金志刚负责。"段国圣说。

如此，先是泰康的钱，之后是保险业的，再之后是业外的，第三方资金管理。泰康资产第一单业外业务是海底捞，管一亿多元。

"到2020年底，泰康资产管理的资金大数是2万亿，里面9000亿是泰康的，1.1万亿是第三方的。在第三方的1.1万亿里面，有5400亿是退休金，是业外的退休金；银行的钱大概1000亿，是业外的；还有基础设施和不动产2000多亿，总共应该有8000亿是业外的，2000多亿是其他保险公司的。"

泰康资产（香港）公司是2007年11月成立的，亦做得风生水起，泰康香港港股策略的代表账户，在有统计的同类产品中，累计收益率排名列第一梯队。

"香港公司拿了境外的钱大概二三百亿，包括七八家保险公司，台湾的八家公司，一家银行，一个投信，台湾的一家公募基金，还有几个亚洲主权基金委托的一些资金。香港公司现在由陈奕伦管理，2020年业绩历史最佳。"

B—B—C　G—B—C　吃透全链条

在社会保障三支柱中，除第一支柱政府G、第三支柱个人C外，养老金公司主要做第二支柱企业B，补充养老医疗险，早先主要是法人业务的团体保险，后改名为企业年金，属于社保范围。

陈东升、段国圣、马云们紧跑慢跑拿到养老医疗险牌照后，2010年，李艳华从泰康北京分公司总经理任上，来到养老金公司。陈东升给她的指令是："找到法人业务盈利模式。"

这是李艳华职场生涯中遇到的最烈挑战：法人业务市场低迷，低费率竞争，盈利无着，姥姥不疼舅舅不爱。

"这活儿怎么干呀？人家都1 500亿了，我才30亿。这年金只要一到了人家手里，几年都不会换手的，我得一单一单从人家手里抠出来。要抠就得有拼命的团队，我一到任，先把养老金、团险整合了，包括财务、人力、中后台体系，全部整合。当时走了一大批人，不适应。我也是心力交瘁，有一天累得我在香山北门的一棵大树下，躺了一天没起来。"李艳华说。

2012年消费市场兴起团购，泰康大个险战略启发了李艳华：何不把保险服务从B连接到C，顺便把补充医疗团购给员工个人？员工家属也可以买，都享受团险价格，销售成本也降下来了，双赢，这个模式有戏。

自此，一个新的商业模式，B—B—C（Business—Business—Consumer，企业—企业—个人）就此诞生。营业部实行项目制，一带三或一带五，经理开拓完了，下面的人便跟上深耕做C业务，职域开拓，一下子就吃透全链条了。

"一开始，大企业有内网的，就把我们的保险产品挂出来，意外险、医疗险、重疾险。后来智能手机兴起来了，就开发App（应用程序），员工个人可以上去选购保险。前面我们承揽了企业的补充保险，这就是企业给我们背书了，就解决了信任问题。每个企业都有成千的员工，每个员工背后都是一个家庭，业务一下子就铺开了。"

之后3年，泰康B—B—C的标准保费实现200%的高增长，2016年半年突破6亿元，最大的一单团购保费近1.2亿元，其中健康险占到了85%以上。

其实，比保费更重要的是B—B—C精准定位大企业，精准网罗中产人群。

这样，泰康从普通商业保险，进入企业年金业务，也就进入社会保障范畴。然后，又转身以新的方式，回到个人营销。

B—B—C之后，李艳华又回身做第一支柱政府G。

中国政府一直在推医疗保障制度，从1998年开始建立职工补充医疗保险，2003年又开始搞新型农村合作医疗，再后来又要解决城里一老一小的问题，建立了城镇居民医疗保险制度。这三个制度就是社会基本医疗保险。政府1年的医保资金是2万亿元，财政压力巨大。

在美国，医疗健康产业是第一大产业，平均每人每年花费9 000美元，按3亿人口计算，每年支出相当于18万亿人民币。其中，美国政府的支出占30%。控费是世界难题，政府都快疯了，美国奥巴马医保，就引入了商业机构帮忙。美国的联合健康集团就是这个路子，很大的一块业务是政府的医保资金，体量大，是世界500强，市值4 000亿美元。

中国的医保费用也上升得很快，于是政府出台政策，引入市场化机构承办基本医保，委托保险公司帮助控费。

泰康虽然不是国企，但必须接着。"平安已经走了130多个城市，国寿也很多，我们已经掉队了。"李艳华说。

2015年9月23日，泰康开会决定做政府医保业务。马上有消息来，9月28日广西政府开始招标。赶忙着，大家连应标书都不会做，奔了过去，只有陪标的份儿，铩羽而归。

5年后，2020年12月，广西的社会医保招标又到了第二个周期，一共三个包。这回泰康拿回了两个包，就是30亿元。"我干5年，这5年艰难啊，才做了23个亿。这一下子就超过了5年。"刘洪波说。

这是运气吗？实在是满满的汗水换来的，是能耐决定的。

5年中，刘洪波们能耐大涨。"我们做了一个工具，医保的智能一体机，软硬件一体的，建立了大数据模型算法，积累了多年的数据，还收集了好多违规案例。我们随医保局下去筛查骗赔，到医院只要把数据接出来，10个人里面就能筛出两三个人，就能省几十万元。去年我们查了520多家，都是大医院。"刘洪波说。

全国三级以上的医院有2 700多家，二级以上有8 000多家，一级以上有30 000多家，泰康与医院的关系日益紧密。

"我们受医保局的委托去查医院，但咱也不能老是事后查完了罚款，医院也不一定就愿意去违规，我们就给医院提供科技服务，帮着医院减少违规。同时，我可以给医生、护士提供普惠保险。"刘洪波是学医的，熟门熟路。

李艳华说："我们跟政府的利益是一致的，行政多花钱，意味着保险公司也得多赔。我们帮政府控费，做支付端，跟医院结账，但也不是仅给政府当一个出纳。我跟我们团队讲，这是积德累善的事，原先以药养医，大家都吃药，咱爹咱妈几十年都拎着大包小包的药回家。未来我们要引导他们改变生活方式，让他们少吃药，健康生活。"

60年后　寿险从大哥变成了小弟

早先，陈东升回避健康险，不赚钱。但后来，吓了一跳，寿险有点危："20世纪50年代，美国保险市场75%是人寿保险，年金和健康险各百分之十几。但60年后，美国年金占到50%，健康险占到25%~28%，健康险无论是股价还是盈利，都远远高于寿险——寿险从大哥变成了小弟。"

健康险公司赚钱，靠的不是卖保险产品，保费只占利润的30%，大部分利润来自健康产业链，靠的是专业。在健康险公司人员中，25%是医生、护士，25%是IT人员，其他才是代理人和管理人员。所以健康险公司总是在收购数据公司、医院、健康管理公司，还自建护理院。

"不能让美国寿险业的悲剧在泰康发生。"2015年8月，泰康决定涉足健康险。

然而，几家专业健康险公司经营了10年，却都没发展起来，整个行业一直在亏损。这缘于社会形态的发育程度，也拜赐于行政的呵护，留给商业健康险的空间甚小。

既然行政力量强大，那就和行政合伙。泰康通过社会医疗保险，积累数据和市场定价，培育前端、中端、后端，把行政、社会医保、医院、客户、健康险和健康管理串起来。

泰康的对标公司，是美国联合健康，还有安泰。业务的开拓又交给了李艳华。

从2015年起，泰康养老分别与全国20多个省区市的政府在大病保险、精准扶贫、长期护理保险方面开展合作，参与DRG（疾病诊断相关分组）试点和医保审核控费工作，与多地合作开展个人账户余额购买商业健康险试点，覆盖人口超3.2亿。泰康已成为国家大民生工程核心骨干企业。

2021年6月，全国各省的职业年金受托人招标比选全部结束，泰康、中国人寿和平安都入围了。为了职业年金，李艳华从业内挖来了田军，2020年公司表彰大会上，陈东升给了田军一个最高评价："今天，你从里到外都是一个泰康人。"

这既是商业行为，也是保险业作为社会压舱石和经济助力器的具体作为。

同时，政府也一直在支持泰康。"在监管政策放开的过程中，泰康没有错过一个重要资质、重要牌照。我们建立了香港子公司，建立了第一个保险资管内部公募基金，建立了北京泰康投资这个投资平台，拿下了第一个长寿社区股权投资计划。我们还拿下了企业年金、职业年金、基本养老、QDII（合格境内机构投资者）、QFII（合格境外机构投资者）、RQFII（人民币合格境外机构投资者）等资质，拓展了资金来源和可投资品种。"段国圣说。

对泰康的资管运作形态，2019年6月14日，任泽平、曹志楠、黄斯佳发布研究报告《解码泰康：从保险到医养的成功突围》，报告称：

"泰康资产管理公司通过建立高效稳健的资产管理体系，在市场上获得了引人注目的高收益，以吸引和留住中产客户。该管理体系主要分为五个重要组成部分，包括基础设施、资金渠道、一级市场策略、二级市场策略和保驾护航系统。

"一是泰康资管以事业部的形式开展业务，好处在于起步初期可以借助母公司的客户和渠道等优势资源，在机构准入和授信等方面具有便利，能节省资金调度的成本。

"二是资金渠道拓展企业年金业务，企业年金等团体业务具有资金体量大、资金来源稳定、单个客户的获客成本低的优势；吸引大企业入驻可以提前锁定大批中产客户。

"三是一级市场投资策略：高调打新，泰康人寿和泰康资管是最主要的参与首发配售的主体，高水平的研究估值保证高中标率和打新后的收益。

"四是二级市场投资策略：偏好市值高、经营稳健的主板公司，保证保险资金收益稳定不动摇，在行情较差的年份也能保本不亏。

"五是保驾护航系统：独立的信用评价体系，自有信用评级体系制定更加符合集团投资要求的筛选标准，保障了投资标的与资金特性的契合度。"

其中对泰康资管二级市场策略的评价是：偏好市值高、经营稳健的主板公司。报告称：

"泰康在二级市场上投资的风格定位于长期、稳健。我们统计了2015年以来泰康系产品进入前十大流通股东的38家上市公司样本，总体而言，泰康资管的产品投向风格稳健，鲜有举牌，单个标的持股比例低，平均仅为1.42%，在市场上形成低调沉稳的印象。

"第一，主板标的为主力投向。主板标的企业数量占比55.26%；中小板企业占比34.21%；2014年1月起保监会允许险资投向创业板，但在泰康的资金配置中，创业板企业仅占10.53%。

"第二，首选大股东持股比例高的标的。大股东持股比例高表明标的企业管理的稳健性好，因而泰康的投资标的中，大股东持股比例在30%以上的标的占比超过一半。

"第三，投资标的行业相关度高。在标的行业的选择上，泰康最多投向与主业相关的医药生物行业，占比达到13.15%，且持股时间较长，平均达到23.6个月；地产行业也颇受泰康青睐，标的数量占比10.53%，平均持股时长为18.75个月。"

险资入市惊喜市场　几乎是个炸弹

自2007年初至2019年底，泰康资产受托泰康人寿一般账户资产，年均投资收益率超过8%，可谓行业翘楚，成为泰康在业内的一张名片。

这张名片得到行业的认可，就像陈东升被称为"大哥"一样。

2016年11月,段国圣出任中国保险资产管理业协会会长。

"为什么我们企业年金能做到第一?因为我们的投资业绩很稳定,没有差的年份,最差的年份就是做到中等,好的年份做到前面,这样累计起来我们就做得最好了。"貌似佛系。

段国圣把成功归结于"势":"最重要的是因为这个时代,遇到了邓小平的改革开放,刚好是经济和财富起飞的时代,保险业又是很好的产业。好的时点,好的行业,好的公司。有人喜欢过高估计自己的能力,其实,离开时代,离开平台,个人算什么?"

在这个起飞的时代,2002年吴定富出掌保险业,他把之前业内已有的现代保险的三大功能——经济补偿功能、资金运用功能、社会管理功能——重新表述,提出监管升级,跳出保险讲保险。具体化,尤其是在资金运用上开了几个口子,股票、基础设施和不动产、PE、高管任职资格等。其中PE,是在2008年11月全球金融危机最烈的时候批下来的。

2003年保监会升格为正部级,与中国人民银行、银监会、证监会组成金融监管的"一行三会"。这是1949年以来,保险业在国家管理体系中地位最高的时期。

虽然保险资金运用拓宽之路相当谨慎,但只要一开口子,山崩地裂。

2004年10月,保监会颁布《保险机构投资者股票投资管理暂行办法》,规定符合条件的保险公司可通过资产管理公司或者以独立席位直接投资股票。这几乎是个炸弹。

转过年,一俟运作框架建立,2005年2月20日,华泰保险抢下第一单。到3月7日,中国人寿、泰康、太平洋、平安、中国再等7家保险公司纷纷入市。险资入市令市场惊喜,3月8日上证指数放量上涨24点,一举破1 300点。

2005年,保险业全行业投资收益率达到3.6%,比上年提高0.7

个百分点。

保险资产结构亦大变，债券投资占比达到 52.3%，首次超过银行存款成为第一大类投资工具。股票投资全行业的平均收益率超过 6%，跑赢大盘 15 个点。投资基金的资金从 2004 年的 670 亿元增加到 2005 年的 1 100 亿元，在整个保险投资中的占比也从 5.6% 上升到 7.8%。

2006 年 6 月 16 日，《国务院关于保险业改革发展的若干意见》颁布，即保险"国十条"。这是继 2003 年底国有商业银行改革，和 2004 年初推进证券市场发展的"国九条"（《国务院关于推进资本市场改革开放和稳定发展的若干意见》）之后，国务院对金融业第三驾马车保险业的政策钦定。

马上，险资大展拳脚。2006 年 6 月，中国人寿斥资 46.45 亿元认购中信证券增发；还有，中国人寿与平安拼抢广发行；还有，中国人寿与平安竞赛登陆 A 股……

更大的"势"是，2007 年，党的十七大报告首次提出"创造条件让更多群众拥有财产性收入"。这意味着，资本获利，钱生钱，理财，已不是罪恶，中国的财富时代已经到来。

2007 年被称为"理财元年"。

当中国人寿和平安"杀"得兴起时，2006 年 2 月，泰康资产刚拿到牌照，尚无从置喙。

别惹事　惹一次事你就死了

除去"势"之外，段国圣还把泰康资产的成功，归于"稳"。

稳健，说起来容易，做起来难。

1997年，泰康确立了一个原则，在任何情况下，泰康的资金一分钱都不能在自己的控制之外。陈东升举了一个例子：泰康曾将5 000万元资金委托给一家理财机构，两家关系甚好，但后来迹象不妙，便硬起脸，借监管之力把这钱追了回来。如果没有坚守当初的原则，囿于面子，泰康肯定要受大损。

陈东升此言非虚。正是在那前后，汉唐证券被托管，背后有数家保险公司的影子。

保险业是提供保障的，但在社会经济链条中，险资也被他人惦记着，往往无从自控。

"因为当时托管制度不健全，是以券商的名义开的户，券商就可以把你的钱挪用了。正是因为这个事，后来托管制度改进了，券商再要挪用就很难了，但不是说不可能。"段国圣说。

段国圣有一个观点，"证券市场短期不可测，长期不可测，中期或可测"。

段国圣说："每个人都认为自己比市场聪明，自己是先知先觉的。这种想法非常幼稚，做投资很忌讳这一点。市场就是大海，个人的才智充其量是一杯水。我布置给员工的功课，包括宏观、行业和企业研究，每个人分别负责某一领域的数据和信息，然后上传到内部公共平台上，大家交流切磋。"

据说这是一个真实的故事。1929年美国经济危机，美国股市颓势初露，一个资本大咖感觉到了，决意抛出，他出差前叮嘱助手："有可能我会打电话回来改变主意，但你千万别听我的。"几天后，股市莫名地上扬了，大咖还真控制不住自己往回打电话，想改变决策。但助手有令箭在手，拒绝老板，避免了损失。

"如果你干预了一件事，可能就有第二件事。泰康资产这么多年没有出现重大失误，我认为和文化、价值观有关，也与管理模式有关。"刘经纶说。

"我绝对不会干涉团队成员在其权限范围内的投资决策,比如选择股票,"段国圣说,"如果我告诉一个投资经理要买哪只股票,即使赚钱了,这件事情对公司投资文化的影响也是不好的。"

段国圣很注重自己的言行,尤其注意克制自己话多的习惯,唯恐不经意的一句话,对下属工作造成困扰。"人都有贪婪和恐惧的弱点,在大盘瞬间惊心动魄的涨跌之间,人很容易随波逐流,所以要用纪律约束个性。怎么控制风险?不是很多人签字,不是设很多层次,而是透明。在资管公司内部,所有的操作都是透明的,风控人员明察秋毫,不允许任何违反国家政策、公司策略和技术操作规程的行为,这是铁律。"段国圣说。

泰康首席精算师王玲玲曾任美国信安保险公司养老金及国际部精算师,她主持推出了泰康爱家理财保险计划,她说,与传统万能型产品相比,这个计划首次将保障账户和投资账户分开,使人一目了然。主险回归保障功能,而附加险的投资账户则增加了代客理财的附加值服务。"保险公司要有社会责任,要保障公司长期风险在可控范围,做事要想到10年、20年以后,不能给公司留下永久的隐患。"

一次泰康给高管做性向测试,Haygroup(合益咨询公司)给做的,人的能力有四个象限。

陈东升的两个维度是影响力和亲和力,具有领袖素质。"我是发散思维占50%,执行力占50%。我就是干活的。"段国圣说。

要想干好活,必须学习干活,段国圣学习能力惊人。"做股票的、做债的、做不动产的、做PE的、做风控的、做信用的、做合规的,他们都骗不了我。只要有新东西出现,我都拼命学。只有学会了,才能合格。这些年我跟监管的沟通非常好,别惹事,惹一次事你就死了,给一个处分就麻烦了。"段国圣说。

"泰康被处罚过吗?"

"从来没有。"说完这话,段国圣赶紧摸了一下椅子的木扶手,貌似这样就能把刚说的话收回了,"不能念叨,经不住念叨,一念叨就要出事了。"

下季

了却君王天下事
轻舟已过万重山

- "大中央小地方,我们减少了中间环节,没有督导区,没有区域经营,扁平化管理,一竿子插到底,总部直接管分公司、中支公司、县支机构,效率明显提升。每天早上八点半,分支公司老总都是胆战心惊的,此时是未完成任务述职的时点,如果没完成,就要通过视频向我述职。我脾气很坏,完不成任务后果很严重。"

- 这灵光一闪的创新,貌似轻巧。"不是所有的创新都是断崖式的、颠覆性的,大多数都是一个持续性的过程,不断地实践、总结、试错,最后形成创新。有时候创新就隔着一层纸,但要把这层纸捅破是很难的,要用万钧之力,捅破了就是一个伟大的创新。"

- "我一个在深圳的同学,做股票,有2 000多万的身家。我觉得,他虽然有钱,但他没有事业,他对社会没有贡献、没有影响。我还认识一个民企老板,他在深圳办工厂,从湖北天门老家带去了200多号人,浩浩荡荡。他的钱虽不如我的那个同学多,但他有企业,有几百号人,他对社会的贡献也更大。我得出一个结论:有钱不等于有事业,有事业一定不会缺钱;富不一定贵,但贵一定是富的。"

11

爬雪山过草地重塑大个险

以价值为核心　不能竭泽而渔

走得好好的,谁愿意转弯?谁乐意走出舒适圈?

县域战略受挫之后,2009年,泰康的焦虑更为浓烈。新华经关国亮之劫后正在加速,泰康怎么办?竞争煞气日浓。

"到2008年,我们3年目标达到了,但付出的代价也很重,毕竟这3年发展是第一要务。3年以后肯定是低谷,不可能持续往前走,当时压力很大,压力来自股东,来自市场,甚至来自公司内部。"刘经纶说。

有外资股东在泰康董事会上质疑管理层战略,提出要请国际专家进驻咨询,甚至嚷嚷着换人。

2009年,对于中国经济而言,也是一个分水岭式的年份。虽然全球金融危机打醒了许多人，强力靠政府投资拉动经济规模的增长模式已经见顶，但转型极为痛苦，并且难解眼下饥渴。这一年，政府继续出台"4万亿刺激计划"。

有人沉湎于最后的狂欢，享受最后的舒适。但也有人预见到日后的危机，遂痛下杀手，不惜打破坛坛罐罐，开始艰难转轨。

在陈东升心里，还有另一个心结：麦肯锡的报告已经认定，20世纪60年代美国寿险业资产一度占到金融资产的20%，到1990年下降到不足14%，2000年后，寿险业资产占比只剩下不到8%。在寿险业内部，传统寿险产品收入占比从20世纪70年代的60%，降低到2000年的24%，个人寿险的投保率也从20世纪70年代的51%下滑到2010年的32%。

虽然中国寿险业还处于高速上升期，但行业的趋势应该是一样的。泰康要醒醒了，泰康依旧是一个传统的寿险公司。必须转型，另寻新路。今日不动，日后摔倒。

还有办互联网企业的马云，陈东升有空就往杭州跑，探听虚实，焦虑自我，焦虑他人。

多年后，泰康人屡屡提到2009年9月20日的深圳战略研讨会，称这是泰康转轨的标志性时刻，其声威貌似泰康的"遵义会议"。

"我们这一次到深圳很辛苦，大家汗流浃背，但我觉得特别有意义。我们去过井冈山、延安，今天我们来到改革开放的前沿阵地深圳，我们在邓小平的铜像前鞠三个躬，我们再一次解放思想，再一次解放生产力，重新开始我们新的思维、新的航程。"陈东升说。

实际上，2009年泰康的转轨，是一系列反思的集合结果，在9月会议之前，泰康已多番讨论、辩驳、争执。5月也是在深圳，泰康高层对发展方向争论纷然，陈东升泼了凉水，提出从规模主导转向价值主导，尤其是银保产品不准多卖，不能为了保费而保费。

9月20日的深圳会议议题广泛，不仅包括建立外勤独立自主经营机制，加强营销基础管理、严格考核，还包括建立管理体制、经营机制、差异化战略、县域战略等。会议提出，用3~5年时间达到市场第三。

在会上，陈东升言辞严厉："以价值为核心，不能用竭泽而渔、破坏基础的方式来竞争……在快速发展阶段，逐步做大投入，最后还是价值体系。不管战略是大个险或大分公司，双超这个旗不变。双超是什么？我今天也跟大家郑重地说明，个险进入前三，就两个指标，新契约标准和续期保费。"

促成泰康2009年及以后的转型，周国端是坚定的支持者。

陈东升与周国端相识在1998年的一个行业会议上，周国端是演讲嘉宾。那时周国端是台湾一所大学的教授，同时给北京的一家寿险公司做顾问，他在美国待了近20年，接受了严格的数学和金融训练，后来成了泰康的独立董事。2011年周国端加入泰康，任泰康执行副总裁兼CFO。

在周国端之前，泰康的前一任CFO是香港人尹奇敏。这些较劲的岗位，一般多是老板的亲信。而陈东升从不计较远近亲疏，一律倚重。周国端上任后做的第一件基础工程是数据标准化。"以前泰康的人讲的名词一样，但内容不一样，今年讲的明年又不一样了。如果业绩不好了，就把分子或分母改一改，就变好了，数据可以变来变去。以后每个人讲的任何一个指标、一个数字，分子分母是什么，都要确定。"

抵抗的力量是强大的。要把大家的习惯改掉，把泰康所有的数据统统清一遍，要让IT把资料倒回去重新核算，周国端搞了两年，把整个流程梳理了一遍。

"泰康要形成一个习惯，除了上帝以外，每个人都用数字讲话。很多人对财务的认识都是错的，把会计跟财务搞在一起。财务是经济学，是规划和企划，是与战略相关的，会计是记账，只是一个技术，算一算利润。我跟董事长讲，你找我来不是来省钱的，不是帮你把钱看好，而是来花钱的，做资源配置，要把钱花对地方，对公司产生效益。"周国端说。

周国端的另一大工程是把财务系统用 IT 接轨。"风控最好的方式是什么？如果你知道这个孩子靠不住，你就不要让他碰钱，所以我把整个财务系统纳入中支公司。现在公司的每一块保费，成本多少，营销员拿多少，主管拿多少，都可以拆出来。现在分公司的老总也不敢乱花钱了。我说你可以花钱，但我会给你算钱，痕迹都在。"

周国端很警惕银保渠道。"主渠道一定是要能够控制的。"

附录　泰康人寿第五届董事会第九次会议记录（节略）

时间：2009 年 8 月 29 日

参会人员：

董事长陈东升、独立董事张永霖、独立董事曲晓辉、独立董事曹远征（中途离会委托曲晓辉表决并签署文件）、独立董事周国端、独立董事田溯宁、董事潘德源、董事黄绍文、董事蒲坚、董事任道德、董事寇勤、董事张斌、董事张春峰、董事孙祁祥。

部分列席人员：

监事会主席范奎杰、监事刘超、监事林春海、员工监事王元、员工监事周立生、员工监事李亚昆、总裁兼首席运营官刘经纶、副总裁兼首席财务官尹奇敏、副总裁兼稽核总监李艳华、副总裁兼泰康资产首席执行官段国圣、瑞士丰泰代表亚历克斯·木村（Alex Kimura）、保监会寿险部监管处副处长姚渝。

陈东升：

刚才远征提到负增长，上半年负增长怎么回事？向大家汇报一下，去年销售投资性产品，特别是银行销售投连，一季度是高峰，后来资本市场金融危机，老百姓闹事。老百姓投资基金亏了，他不闹事。但投资投连产品，亏了他闹事，主要是在天津，形成全行业的事件。

天津也是我们的重创区，去年我们的投资性产品占到市场的一半。到今年7月底我们退了大概150亿，其中120亿是投连。实际上是投连赎回，不能叫退保。我们在银行卖投连是有很大经验教训的，我们亏了1亿。还有去年我们县域保险建了很多机构，但没有得到保监局的批准，机构遇到很大困难，吴定富主席已来视察批示解决这个问题。今年我们银保负增长12%，主要是因为去年我们卖投连。庆幸的是我们个险还是正增长的，到今年年底我们正增长是没有问题的。

第二个是双超战略，今年受到很大的挑战。双超战略是2006年，我们提出用5~10年进入市场第三，但实际上我们用不到两年就成为市场第四。

双超应该从两个方面来看，一个是保费规模做到市场第三，还有一个是把竞争能力、实际的生产能力做到市场第三。这两个概念是一样的，我们决心今年还是要保第四，但保不了第四也没什么丢脸的，起码我们转型转过来了，价值是增长的。还是要回到基础上来，宁可不要面子要里子。

蒲坚：

金融危机后，很多公司在反思自己的经营模式、盈利模式。我觉得第一个，不要过分关注和其他公司总保费的比较，战略不同，不具有可比性。第二个，泰康最好的是综合价值好，这是我们的强项。从这方面讲可能泰康已经超过太平洋，是市场第三了。泰康的内含价值、投资、利润都不错，这些可能比单纯的保费本身更重要。所以下次报告可以创造一个模型，来反映我们的综合价值，比如养老公司只有账户管理和托管是注定不赚钱的，但是银行为什么愿意做，因为它看中的不是你的手续费而是客户的存款。泰康不具备银行，我们不去追求这个协同效应。

另外泰康要注意的是，金融公司赶超别人，如果沿着传统的路子走，一是非常困难，二是要比别人投入更多的财力、资源，带来的管理问题也很多。要想赶超，就是能不能创造一个新模式。泰康在营销模式上要创新。像一卡通、医保通、银证通等，实际上是技术功能的组合，是一种创新。

投资收益好，这既是好事，也是潜在风险。没有一个投资机构是常胜的，千万不要让小概率事件发生在泰康。最后一个，我们是单一的保险公司，内部专业化，但外部要加强和其他专业功能公司的合作。在合作过程中，可以创造性发现新机会，因为我们本身走专业化道路，就很难发现那些合纵连横的奇巧的创新契机。随着竞争的激烈，有一点要注意，银监会对银行资本金的算法可能不只是银监会一家的意见。

段国圣：

是国务院领导的意见。

蒲坚：

领导的意见也是对的，银行间相互买次级债，其实银行的风险一点都没有分散。保险公司和银行相互持有次级债，对于我们的体制，相当于国家的风险也没有分散出去。所以对于保险业，下一步要及早考虑补充资本金的方式，次级债的路子如果行不通了，要考虑上市。

黄绍文：

我说两点。第一个，保费重要，质量更重要，我们不用担心一年、两年的排名。第二个，关于"有人就有保费"，这是泰康的优势，也是泰康的劣势。我们目前营销人力36万人，新华、太平洋差不多是22万人，人均月保费太平洋是2 800元，新华是2 400元，泰康是1 900元。刚才提到加强外勤人员的训练很重要，如果外勤36万人的生产力提高到和太平洋一样，保费会增加很多。

周国端：

我大概有三条意见。第一，我始终相信金融机构的制度、架构和角色非常重要。董事会的报告里，前台和中台角色不是很清楚。前台是打仗的，强调绩效。中台除统计数据外，还要告诉我们哪些是要注意的，但中台这个角色是不清楚的。我担心一件事，段总实在是泰康的一个宝贝，因为他的performance（绩效）实在是太好了，我认为他也是泰康最大的一个specialist（专家）。但大家应该记住AIG的故事，AIG的伦敦子公司AIG财务产品公司（AIGFP）曾经业绩很好，对AIG贡献很大，但它的业绩主要靠金融衍生品——CDS（信用违约交换），定位出错了，在金融危机中，它也成了拖垮AIG的罪魁祸首。所以我希望泰康前、中、后台应该很系统地定下，每天、每周、每月、每季度、每半年、每一年要定期检讨，要确定给执行长看哪些东西，向董事会报告哪些资料。

第二，外商1986年进入台湾市场，他们在专业方面是领先台湾的，所以台湾的监管机构对他们的意见非常重视，某种程度上他们也像是rule maker（规则制定者），因为他们对rule maker有巨大影响力，也在教东方人怎么经营金融机构。金融有它固定的专业知识，可是它又是一个和不同文化环境绑在一起的事业。如果你不清楚社会本身的文化理念，而是从一个很高的位置去看这些东西，可能犯一个错误，就是金融界的傲慢。现在欧洲一直在推国际会计准则，如果一个公司卖投连产品，按照这些准则，提的准备金事实上比现在台湾和大陆规定的都少。所以现在除了欧洲之外，他们在其他地区的公司都无法经营，这是一个很奇怪但很宽泛的错误。

第三，我们在商品策略和通路上的定位是什么？我本来认为这次会讨论这个问题。我的认识是，泰康的资产要有一定的成长，所以期交一定要占保费收入的一定比例，资产成长以后，要小心不能暴露太大的风险在投资风险上，也就是利差风险，所以要想办法在商品结构里面累计一定的死差益，但需要讨论什么样的商品和什么样的通路，怎样搭配。

陈东升：

我简单解释下，前、中、后台我们还是有概念的。产品以后要建立独立的产品中心，这也是保险公司的核心竞争力。

田溯宁：

作为一个技术或者电信出身的，我觉得应该认真研究一下新技术在寿险公司的应用，电话销售、网上销售，总的规模还比较小。最近看了一家叫开心网的公司，创业不到一年，注册用户4 000万。在网络时代是"快鱼吃慢鱼"。技术创新跟人有很大关系，应引进些互联网人才，比如在淘宝网工作过的，把这些不同的人结合在一起，有可能会带来些不同的交集。给这些人以不同的管理方法，给一定的自由度。

另外投资真是我们的一个亮点，在另类投资方面，在PE方面，现在才刚刚开始，长远看是非常有生命力的，最主要的特点是专业。它有很好的激励机制，有些人就是投健康的，有些就是投IT的，IT还分得很细，可以尽快研究一下。美国一些好的PE你是进不去的，因为它不需要那么多钱。另外一个特点是，现在联合投资权很重要，很多大的公司，包括中投，美国的保险公司，这次金融危机后都要求有联合投资权，而不仅仅只是一个被动投资者。这些方面可以研究一下，把这些新型的权益工具掌握好。

蒲坚：
中国人寿的投资很好，也是得益于它的权益投资。

段国圣：
中国人寿得益于中信证券，赚了几百亿。再一个就是建设银行海外业务……

张永霖：
我同意几位董事很精辟的意见，我尤其欣赏蒲先生的意见，中国的精英我是领教了。泰康有一个优点，就是董事长，一个很能干的领导是很难虚怀的。泰康过去有一个弱点，独立董事方面比较弱，现在也改变了。刚才蒲坚讲我们投资收入太集中，真是一针见血，而且投资是没有长盛不衰的。泰康十几年基础不错，但未来资产越大，投资越困难。

陈东升：

现在还在双超、大发展，不可能两头兼顾。过去我一年想干十件事，后来是一年想干两件事，现在我变得是三年只干一件事。

曲晓辉：

转达昨天审计委员会的意见，认为公司上半年各项指标总体向好，但是还有大的压力。曹先生认为现在对经济形势的判断分歧较大，股市震荡下行的风险较大。从审计委员会的角度，我们比较关心投资收益有没有落袋为安，净资产有没有保值增值，现金流有没有问题。还有一个，也是受刚才陈董的启发，我不知道这个市场到底有多大，就是我们能不能把各种积分变成保险，像携程积分、银行积分等。

潘德源：

反思过去，产品经营策略可能失衡，有些产品销售可能下的功夫过大，但这种产品的持续能力又恰恰不够。有持续能力的产品，短期盈利可能不好，但长远看对企业发展是重要的。所以以后再研究产品，要注重长远、持续能力的发展。对于公司亮点，更要注意风险防范，我们越是依赖于亮点，亮点一旦出现问题，对公司的危害会非常大。今后在鼓励和加强我们投资的同时，要发展建立几个均衡发展的支柱。

张斌：

讲三点，刚才陈董讲我们前一段融了 2 亿美元。第一点，在融资中，给我最大的感触就是内资融资和外资融资区别很大，内资相对简单，外资程序很严格，要建立一整套流程和制度。第二点，关于创新，前一段我们和 SAP 合作，上 ERP（企业资源计划）系统。

上 ERP 不容易取得成功，要解决好旧瓶和新酒的关系，下力度研究在中国目前的状况下如何结合新技术把公司做得更好。第三点，应该有一个更长远的目标，但不需要特别激进，不大起大落，一定能成为最好的公司。

张春峰：

公司发展很好，但有一点不好，就是人员队伍太庞大，素质太差。

寇勤：

有一个问题不太理解，我们把三差摆在很重要的位置，但预算、考核量化的指标有没有？

陈东升：

我刚刚看到一个资料，保监会一个代表团去日本考察，日本保险业近20年，投资回报占近70%，保险也只占30%。我们一直以为日本是不依赖投资的，但实际上不是。要提高死差、费差，必须把效率提起来，现在战略上是提出来了，但还没有量化到具体。

孙祁祥：

陈董提出面子服从里子，我特别赞成。上半年负增长是好事，是反思的时机。中国市场和发达市场不同，就是监管政策风险，还有就是消费者不成熟。所以我们在制定战略、考核的时候，可能要更专注于我们自身的发展，不要太在意对手干了什么，不要因为一些不可预见的因素改变既定方针。市场不成熟，往往造成从一个极端走向另一个极端……

活着还是死去　银保红旗还能打多久？

泰康的银行保险业务始于 2001 年，并迅即成为业务发展的主要渠道。在段国圣扬鞭资本市场的年月里，银保给他提供了大量弹药，贡献甚巨。

当年讨论让谁去做银保，苗力出身交通银行，去干吧。"当时我跟方军还写了一本书——《银行保险》。"苗力说。

2001 年泰康银保收入 2 亿元，2004 年达到 92 亿元，最高时是 2010 年 559 亿元，当时泰康总保费是 800 多亿元，银保占比超 60%。

不仅是泰康，在整个保险行业，银保也占到超过半壁江山，2009 年占新单保费的 53%，以分红险为主。规模为王，规模舒适。

然而，2010 年 11 月，保监会、银监会先后发文，叫停银保驻点销售。

银保系列激荡起复，命运多舛。贾莉萍都赶上了。

"2003 年我还在湖北分公司。我听陈董说，董事们有疑问，红旗还能打多久，银行保险还能不能发展，还要不要做？"银保产品销售形态比较复杂，规模不够大的时候，再不挣钱，贾莉萍觉得有这样的争议也是正常的。

没想到下一年，2004 年 6 月底，她从湖北分公司调到总公司接手银行保险，一干就是 8 年，带着团队真把银保做起来了，从 92 亿元做到了最高 559 亿元。

围绕着银行保险，贾莉萍概括有三个阶段：第一阶段是初期

"红旗论"争议阶段,第二阶段是快马加鞭发展阶段,第三阶段就是价值转型大个险阶段。

贾莉萍习惯用数字的转折点来讲故事,一般顺畅的时候没有什么故事好讲,在转折点才有故事。"我说的是总规模保费,不管它的结构是什么样的,但是总规模保费应该2010年是一个高点。然后2011年、2012年又跌下来了,跌到大概400多亿元,一个是转型,另一个是遇到了市场的难题。"

银保发展史上有两个大的事件,都是惊心动魄的。一个是投连险赎回,另一个是五年期满期兑付风波。泰康在两个事件当中都是主角之一,业务量在这儿,对泰康的冲击都不小。

除去监管层的态度,对寿险公司来说,银保业务也让人费思量。寿险是负债经营,是具备获取复利效应的产业,而复利需要时间的积累,所以长期保单对寿险才有价值。但银保产品通常不超过5年,这给长期经营带来不确定性。

注意,在监管层出台限制政策之前,2009年泰康的"遵义会议"便提出从规模主导转向价值主导,着手减少短期银保产品销售,降低对银保渠道的依赖,"价值主导,期交决胜"。2011年银保新单保费占比为64%,2012年为47%,2013年为38%。

对于银保受限这个状况,作为银保操办者,方军是不甘心的。"从我的角度来看,银保是一个比较主要的渠道。现在银行都是全能银行,就是不能光有存款、贷款,银行业也得做保险,要给客户做财富管理。对保险公司来说,银行就像一个平台,保险产品也可以放在银行这个渠道上。"

有泰康外资股东反对银保,说从欧洲的经验来看,银保是不挣钱的,要关掉。"我们都觉得银保悬了,红旗还能打多久?但董事长有自己的判断,说中国有庞大的银行业,庞大的银行客户群,有日益增长的私人财富,这在中国金融体系里太重要了,怎么可能视而不见？"薛继豪说。

陈东升要保留银保，但他与一些同行的考量不同。"有的公司是为了快速获取现金流，它们的产品比较激进，销售成本很高。用我们的精算模型来测算，它们产品的价值是负的，亏损很大。后来有的公司只好把银保砍了。"贾莉萍说。

银保是什么？当时银保的代名词是规模，个险的代名词是期交。但陈东升一句话，"银保就是个险"，就是说银保还是叫银保，但内容已经变了，银保也可以做长期期交，已经由规模化向价值化转型。

到后来，泰康有了养老社区，有了"幸福有约"产品，有了高客（高端客户），银保勃兴爆棚，在泰康10万高客中，银保有4万，银保高客贡献的新单价值在所有的渠道中占比第一。于是有了这句话："高客是银保发展的王道，是银保发展的长期战略。"此是后话。

当银保为生死纠结时，苗力已离开银保，转任泰康北京分公司总经理。

"公司提出机构改革，降本增效，2009年一年全系统缩编了2 000人，当时我提出3个人干5个人的活，拿4个人的工资。怎么才能把那些不干活的人弄走？就提出来末位淘汰5%，一个一个捋，一个一个谈，对末位的人的业绩，用数据说话，也甭掰扯，大家只能接受。"苗力说。

开人是苦活，也是伤心活，因为谁也不乐意走出舒适区。

红军当年也不得不离开瑞金，不得不爬雪山过草地。

碎片化体验感　1分钱保春节7天

泰康的IT这条线一直在爬雪山过草地。

2000年9月，泰康建立了保险电子商务网站泰康在线（www.taikang.com）。

那年，网络、大数据远未普及，多是个概念，股价瞬间乱蹦狂跌。网络经济是不是泡沫？经济学家吴敬琏与网络英雄们激烈论战，还伤了感情。

正值此时，泰康提出，要成为保险业第一个产生数据红利的公司。其间，很多保险公司的电商系统都是各省为战，之后才整合到一起，而泰康从一开始就实施大集中建设，没走这个弯路。

2000年泰康发出业内第一张电子保单，开通旅游救援卡在线投保，客户在网上填写电子保单，几分钟就可以完成投保，并能通过招商银行、中国银行、农业银行等数十家银行的银行卡网上支付。

2003年1月，泰康和摩托罗拉合作，开发亿顺通随身投保系统，在业内首次实现24小时全天候服务，打破传统购买渠道时间、空间的限制。

2003年SARS期间，泰康在业内率先推出抗击SARS的主险"世纪泰康抗击SARS保险计划"，从设计时就虑及网上销售。

经统计，泰康银保客户45岁以上居多，个险客户多是35~50岁，电销客户多是20~30岁的年轻人，这就拉出一条完整的客户年龄链。

在业内，并非所有的寿险公司都做电销，但在泰康却一直被高看。"这个活很苦，电销部门一个月要打960万到980万个电话，1年要打1亿多个。我在分公司听一个年轻员工打了两个小时电话，47个电话，46个是拒绝的，其中30个是拿起来就挂了的，太辛苦了，都是几百块的保单。"泰康电销部总经理李朝晖说。

在行业中，泰康电销业务仅次于平安，2015年泰康标准保费13.4亿元，平安是46亿元，两家公司占了电销自建业务65%的市场。

泰康在线成立时是奔着网上卖保险的，但当时人们不认，很少有人在网上下单，以至于泰康在线一度成了泰康品牌和服务的载体，到2008年，网络销售才重新开启，成立了创新事业部，王道南执掌。丁峻峰、方远近都是做技术出身的，后来都投身到创新业务中来了，边学边长本事，后来玩出了很多"花活儿"，煞是热闹。

2011年5月，刘大为入职泰康任CTO（首席技术官）。其时保险业电子化刚刚开始，技术不断更新，系统屡屡重构，朝着移动互联、大数据、云服务升级。

"原来我只是管保险业务，后来养老金业务、泰康在线的财产险业务、资管业务，以及养老社区、医院，都覆盖了。我来的时候管80多个项目，现在近200个了。这些年，使用习惯也从电脑变成手机、iPad（苹果平板电脑），所以系统提供服务的方式，也有一个大的变化。当微信出来了，我们就上微信聊，微信公众号出来，泰康是第一个申请的，我们和微信共同成长。"刘大为说。

某日，泰康把360公司创始人周鸿祎请来研讨，周鸿祎说互联网有两个特点：免费，体验。事后大家讨论，说免费他们不敢，但体验可以试试。2014年春节前，泰康在线做了一个意外险产品，1分钱保春节7天。很不完善的一个东西，就是想测试一把。有人把这个产品放到内部的一个群里，后来就传开了。

"马上有人给我打电话，说'是谁批准的？马上给我下来'。以前做产品要经过很长的流程，要市场部、产品部合规审核后才能上。但陈董给我打电话，说不许下，要把这个东西推大。结果，几天里有13万人买了这款1分钱的保险。"刘大为说。

以前泰康人对互联网、对周鸿祎讲的似懂非懂，经过这件事，忽然开了窍，这就是一款有互联网精神的保险产品，碎片化，体验感强。"这就像互联网的一个引爆器，以前是业务告诉要做什么，然后我去做，这之后IT一下子从后台冲到了前线，我们开始做各种各样的产品，比如引领免费交通意外险潮流的'飞铁保'。"

这样，泰康有1分钱的客户，也有3 600万元的客户。

2014年，泰康在线把积累的几千万个客户的信息汇集，用云计算分析海量数据，实现精准营销和服务。2016年泰康在线还将语音识别和大数据分析技术结合，支持业务员展业。以前保险公司的产品是针对某一类客户，之后可以做到千人千面，完全个性化。

2015年7月，保监会批准易安、安心和泰康在线三家互联网保险公司试点筹办，泰康在线是唯一一家由传统保险公司为主发起人的。

"传统保险产品设计的概念是卖一单要赚多少钱，但互联网不是这么想的，它先把客户聚拢过来，海量获客，之后产品就出来了，就有了创新的机会。"泰康在线总经理王道南说。

2015年和2016年的两场央视春晚，泰康连发红包，总金额过亿，吸粉甚众。

最初泰康在线以传统寿险为主，后来发现生活中很多场景都可以与财产险发生关联。2015年11月，泰康在线拿到财产险牌照，之后有了卖车险、旅游贷款险、火车延误险、雾霾险等。

2015年7月，爱佑汇上线，成为国内首家一站式互联网殡葬服务平台。它的核心业务分为3个板块，即殡葬服务、生前契约和人文纪念。在O2O（线上到线下）模式下，爱佑汇有手机端、PC

端、客服电话,以及线下全国100多个殡葬服务实体店,至2016年已有300多家殡葬企业入驻。

泰康在线的大部分产品是自己设计的,有自己的财务体系和费用体系,自负盈亏。然而,泰康在线一直在亏损。

"泰康在线一开始是资本市场那种烧钱的打法,毛利率是-10%,真不知道怎么管这个互联网的财险公司。后来周国端总提出要考核综合成本率和毛利润率,这两个指标是财险常用的,情况才慢慢好转了。泰康这么多聪明人,从陈董、周总到王道南总、刘大为总,一直为泰康在线发愁,但就是没找到重点,窗户纸一捅就破,但把它捅破,还是用了好几年。"应惟伟说。

2019年6月,接任王道南的刘大为带着经营团队跟陈东升开了9个小时的业务讨论会,内部认为是泰康在线的"遵义会议",那次会议之后,大家豁然开朗,量质并举,精细化运营,全面深入业务,当年的毛利润率首次转正,保费跨越了50亿元,在财险公司中的市场排名从第32跃升到第22。

2020年,突发新冠肺炎疫情,在线业务的优势出来了,这一年泰康在线的业务达到94亿元,增长率超过80%,在全行业排名第1,在财险公司中的市场排名升到了第14。

2021年,泰康在线很争气,继续保持高速增长态势,连续多月获得盈利。

上半年,泰康在线扭亏为盈。

包括泰康在线在内的泰康创新部门,办公地点都远离位于北京复兴门的泰康总部,这是有意为之。在位于京城北部的中关村生命园区,泰康创新部门更可以放开手脚,上班无须制服翩翩,可以吸收互联网的地气。

运营是刘经纶自任泰康总裁起,直至2020年转任集团监事长,始终主抓的唯一一个部门。随着泰康规模体量的壮大,中台支撑作用越发突出，呼声也越发急迫。

运营大集中，泰康在起头儿，就走上了很正确的一条路。1999年，泰康在行业内率先提出"一站式"服务模式。第二年95522全国统一服务电话号码申请下来，7×24小时电话座席服务，全国集中。泰康两核（核保、核赔）业务省级集中处理，到2004年就全面完成了。2006年，开始全国集中处理业务。

紧随其后，运营电子化、移动化步子越来越快。在手机上投保，在手机上理赔，运营与业务越来越一体化，前台与中台界限越来越不分你我。

刘经纶说："大兵团作战，打的就是粮草后援。运营在传统意义上是中台，科技是后台，现在运营和科技都走向前台，一起上，共同服务业务，本身也变成了前台，这就叫'大营运'。运营和科技不断靠前，是大势所趋。"

大中央小地方　一竿子插到底

个险、银保、电销，都是个险，是大个险的组成。大个险中的主力，寿险个人营销，程康平干了大大的苦活，从重振个险到重塑大个险。

大个险，就是以价值为导向，以标准保费或新单价值为衡量标准，整合客户、营销队伍和公司后援管理资源，全渠道大发展。泰康大个险包括7个渠道：营销、收展、银保、银保二开、电销、网销、职域开拓。

像刘经纶、段国圣一样，程康平原本也是平安骁将，1998年转投泰康。与刘经纶、段国圣不同的是，程康平是从泰康基层干起的，一直在各省转战，战绩不凡，2013年才到北京进入泰康总公司。

陈东升对程康平说："让你来管个险，升官发财，你要不要来？"

当时程康平是泰康四川分公司总经理，说："个险是泰康的重中之重，这个位置好像没一个有好结果的，最后都灰头土脸的，我做山大王比较适合，指挥一方，我行我素，到总公司受人管，做不好，做不了……要不，抱着必死的信念去试试？再和董事长商量下？我一到北京，董事长说'好，下午有个会，我宣布你上任'——我这不是自投罗网嘛。"

程康平是2013年5月8日上任的。刚上任，程康平就把各路战将召集来开了三天会，提出六大统一——统一思想、统一行动、统一产品、统一资源、统一策略、统一推动，推出六大体系——培训体系、增员体系、督导体系等，还建系统、立规矩。

整个5月，程康平都在搭建组织发展体系和追踪督导体系，"言出必行，内部树威，开会必须着职业装，开会迟到、看手机罚500元"。

程康平的业务突破口两大撒手锏是：以组织发展为核心，力推体验式、精准式增员；排兵布阵，加速收展业务大发展。

8月，"金泰杯"开启，"各位，完成任务是天职，给我上"。"就是要打一场酣畅淋漓的胜仗，让大家知道自己的潜能。到12月的最后一天，还差1个多亿，那时候1个亿对我们来说太难了，我就把述职制度、日平台经营制度等战时手段全调动了起来，到12点真冲过去了，60亿，完成任务了，'举国欢庆'。"程康平说。

程康平凯旋。

陈东升提出"零点精神"，程康平说："我们是经常性的零点，已经习惯零点了。"

插一句。泰康个险营销竞赛原先有历年的开泰杯、泰康杯、九十联动，但是微笑曲线没出来，头好尾不好。高盛入股泰康后，调研组诊断后提议，应该在秋季再设立一个竞赛，于是有了"金泰杯"。

"'金泰杯'打出来了，第一次完成任务，董事长跟我商量，2013年60亿，2014年70亿，以后每年10亿增长，能不能做个5年规划到100亿？我说好，没想到2014年74亿，2015年将近100亿，2016年是160多亿，2017年210亿。"

何以如此战绩？让秘书总结一下，必是六大统一结硕果云云。

程康平的总结就更有烟火味："大中央小地方，我们减少了中间环节，没有督导区，没有区域经营，扁平化管理，一竿子插到底，总部直接管分公司、中支公司、县支机构，效率明显提升。每天早上八点半，分支公司老总都是胆战心惊的，此时是未完成任务述职的时点，如果没完成，就要通过视频向我述职。我脾气很坏，完不成任务后果很严重。"

扁平化管理？减少干部，拿人饭碗，后果很严重。

程康平奉行的管理哲学是对目标坚定不移，用数据说话，对结果负责："对营销员，我们规定每人每天见客户的数量，对分支公司，每周要举办多少场客户活动，每天主管要开多少小会，都有管控，到了地市和省公司，管控得更严了，这就是过程管理。努力到无能为力，拼搏到感动自己，'7+1''白+黑'，这就是我的工作常态。总公司也给下面提供资源，提供平台，提供企划，光靠他们自己怎么能做得了呢？就像战争一样，海陆空不协调怎么能打得好呢？"

程康平对泰康的价值转型执行得很坚决，但15年以上期交产品，没有高的预定利率，也没有高的现金价值，在市场中肯定不受待见。于是，程康平就给客户附加服务，一个绿色通道，当客户得病求医无门时,提供约诊服务。

对程康平的工作方式,陈东升评价"粗暴,但不简单"。

"其实有些东西是刻意的,拍桌子,骂人,都是想好要骂的,只是谁来撞到枪口上,要用这个来表达不满,表达我的决心,杀鸡给猴看。你看到我骂人了,但见过我关起门来哭吗?2020年春节是最难受的一个春节,大年三十吃了一顿安稳年夜饭,初一早上没开会,然后每天早中晚都是电话会,初五到了北京,别人还没上班,我们人寿的所有骨干干部都上班了……"

泰康个险大干快上,营销军团忽地壮大到80万人,还有一个背景,就是保监会取消了代理人考试,所谓"增员红利"。

简单粗暴　用5年完成200亿元的跨越

对于程康平的打法,六统一、六集中,有评论说,下面的积极性弱了,创造性衰了,将来程总走了,怎么办?对分公司来说,经费、预算、节奏都统一到总公司,自己只是执行者,是被投喂的,有一些好的想法也做不了。程康平的看法是,低潮时必须统一,集中力量办大事,以后才谈得到因地制宜、差异化经营。

节奏,节奏。统一节奏就是不断进行产品转换,两三个礼拜换一个产品,逼得业务员和后台不断地学新产品,熟悉新流程。更重要的是这套传统打法,增员—培训—打鸡血,循环往复,看似天下无敌,但可能很快就会被互联网瓦解了,毁灭你,与你无关。程康平不信,认定个险渠道不可替代,互联网是工具,可以为代理人插上翅膀。

程康平的大个险重塑,与银保的转轨是前后脚的,双重叠加,压得泰康喘不过气来。

不仅是泰康,整个保险业也经历了痛苦,气喘吁吁。2012年全国寿险开年负增长,全年利润只有69亿元,投资收益3.35%,而银行一年定期存款利率是3.5%,整个保险业艰难异常。2013年后,投资渠道放行,费率市场化改革,方使保险业快速增大增肥,激情狂奔。

泰康咬牙挺住。

"从2009年到2014年,泰康用了5年才完成从800亿元到1000亿元的跨越。如果硬要拿下千亿,只要放开银保渠道,泰康几年前就能过。别人都在卖短期高现金价值产品,我们坚持做新单价值高的业务,速度虽然慢,但这4年泰康蓄积了充足的能量,应该说转型是成功的。"刘经纶说。

"战略转型说易行难。比如友邦,能够坚持价值导向,坚持精英战略,这与这个老牌公司的积淀有关。泰康一直在挣扎,在徘徊,终于坚持住了。"尹奇敏说。

2015年,泰康15年及以上的大个险占比近70%,相当优质:当年泰康规模保费在行业排名下降到第8,而新单价值却是行业第4,成为新单价值增长最快的公司。

程康平的大个险重塑,虽然是泰康转型的要求,但又不能因自己的动作迟缓而拖延泰康转型,泰康确实气喘吁吁——正是在2012年,泰康鲜有地向股东增资40亿元。

而且,程康平面对的是几年完不成任务的沮丧之师,面对的是雪山草地,亟须"打一场酣畅淋漓的胜仗"——这样,程康平的霹雳手段,他的六统一,或许在当时是需要的,虽然是一时之需,虽然个别人质疑会有后遗症。

"发展才是硬道理,没有业务才是最大的后遗症。"程康平确信。

2021年上半年,整个寿险行业深度调整,前六大公司中,泰康大个险是唯一正增长的。

说来有一事值得琢磨。从2000年外资入股泰康开始,内含价值这个概念就进入了泰康。之后,2004年员工持股考核,2005年"在转型中走向卓越",一直到2009年深圳会议,内含价值几乎每年都在喊,转型貌似逢会必说,但内含价值一直在徘徊,一直没做到位。

何以2009年转型的成效,会令人津津乐道?

或许,有如下因素。

首先,美国次贷危机刺激了全球,使泰康高层真正意识到,粗放的规模高增长是鸦片,撑不了长远,于是才有了泰康先于监管,抢先断臂转型。

其次,有程康平,"粗暴,不简单",铁般执行力,杀伤力超强,甚至个别时候会杀到泰康机体的健康细胞,但为治大病,扭转大局,小的、暂时的牺牲也只好付出。

最后,还有一个隐秘的,当时也许还没有意识到的,就是泰康已在探索另外的路径——"大医养"。这使泰康敢于放缓脚步,转型原有的发展模式,你走你的道,我自转身离去,升维打击。

比如备受委屈的银保,因为有了泰康燕园,有了泰康高客,多了一柄私人银行利器,另辟蹊径,风景独好。

12

商业向善　老年的神闲

养老社区会不会被拍死在沙滩上？

泰康最靓的名片是养老社区，无他。

那么，一家寿险公司，一家金融机构，何以转行到盖房子、种花种草、看护老人去了？

有一个传说，2007年3月，在一个有时间、有地点、有名有姓的婚礼上，陈东升感受到新人父母的凄凉，于是就萌发了养老社区……

刘永军是1998年加入泰康的。在这之前，他陪陈东升去了一趟加拿大。一天晚上溜弯时，陈东升和他聊起了有关老人的事。至于要干什么，很模糊，只是一个内心的触点，说得更玄些，是一丝悲悯之心。

那时，陈东升就关心老人问题，做寿险必须关心老年社会。而2007年的这场婚礼，之于陈东升的养老社区，也是苹果之于牛顿的万有引力。

只是，内因是决定性的。否则，苹果径直摔烂，养老院兀自静好着，与己无干。

正是这场婚礼，刺激了陈东升内心的情质，在婚礼现场他拽住一同去的刘挺军、邱建伟、刘淑琴等泰康员工，唠叨老龄化社会，老人问题多么严重，需求多么迫切，如果有一种养老社区能满足养老需求，子女来探望也方便，这样不仅能促进社会稳定，还减轻了子女负担，现有的养老院，这种传统模式不仅差，还少，进不去……

一些凌乱、粗浅的想法。

灵机闪动之后，任务布置下去了。研究国家政策，调查市场状况，还招来了袁岳的零点调查公司。

中国老年人现状如何？调研后有三个发现。

第一，老年人口急剧增加，老龄化社会已在踢门槛。

第二，中国城市化率不到40%，而不少发达国家已超过70%。也就是说，中国的城市会越来越大，会有更多的人离开自己的家乡，去城市生活工作，生活方式会大变，养老方式也会大变。

第三，人们对养老没有太多的概念。当被问愿意花多少钱养老时，多数人回答，也就是两三千块钱，吃饭，吃药，就这些吧。当时有个"9073"的说法：90%的老人居家养老，7%的老人由社区提供服务，只有3%的老人在养老院里过活。

这三个发现，前两个是说，老龄化社会将至，养老方式必改，第三个是说，养老还没有成为一个产业，没有成为一种消费需求。

那场婚礼后，养老社区渐成泰康内部的热议。

未来的养老社区，需要提供哪些服务？还有哪些需求是没有被满足，或没有被发现的？

人的预期寿命在延长，什么样的服务和预设能满足老人 10 年到 20 年的生活？

中国的退休金准备，只占 GDP 的 8%，而美国达到 146%，未富先老，中国养老需求是真实的商业存在吗？

养老观念能改变吗？养老消费市场能培育吗？

会不会太超前？会不会被后浪拍死在沙滩上？……

但在商业运营上，最直接的问题是：搞了养老社区，没人来，撑不住，怎么办？

跨界竞争　碾压你　与你无关

陈东升的悲悯情怀，触到了人类生存方式的大议题。

但这些议题大得有些缥缈，时刻都在折磨陈东升的是泰康的讨活，是生存。泰康在沿海战略攻城拔寨做大之后，又指东打西各种尝试，零点精神，县域发展，比肩左右，日感瓶颈。

而另一方面，寿险公司聚集了海量的资金，日进斗金。但钱进来了，也是负担，有怎样的长期资产能跟它的负债匹配？泰康有段国圣，聊以偏安。但在现有的投资渠道外，能不能再去拓展一些新的渠道？

不动产。多有保险公司做不动产，如球场、剧院、商场、写字楼……泰康也买了些地产，包括北京核心商务区的两栋写字楼。

一日，陈东升问刘挺军："万科搞了 20 年，成了著名地产品牌，泰康要是也开发房地产，如何能追赶上它？"

刘挺军道:"房地产市场有很强的地域性,我们可能要做细分市场。"

陈东升哪里是在问问题,他早已自有见地:"从战略考虑,长期看人口,中期看结构,短期看宏观,我们还是要坚持寿险业的专业化和深耕,不轻易多元化。"

眼下的境况更是风霜凛冽,魔怪横出——互联网来了,所有的传统行业都无比焦虑。

看看互联网企业烧钱的劲头吧,看看"双十一"的巨量交易体量吧,这些异类的"后浪",说要消灭银行,消灭保险公司,那是可以有的。资本疯狂,跨界竞争,碾压你,与你无关,让你无感。

严峻形势之下,泰康开战略会议,得出两项共识:一方面,作为一个传统企业,泰康也要进军互联网,用互联网去改造和提升效率;另一方面,再怎么互联网,最后养老还是要有人去服务,还是要有医生去关照的,人文关怀的东西是离不开人的服务的,实体是不可替代的。总不能把骨灰挂在网上吧?

泰康要寻找风口,要埋头苦干。

老人是来带小孩的 不是来养老的

联想柳传志说:"慢慢想,耐心看,看好了就赶紧跑。"

泰康没太想好,便起步了。但许多事,坐着想,闭门造车,有点蒙。

其时,如家连锁酒店在美国上市,业界一惊。而如家连锁酒店,正是携程网的创办人之一沈南鹏建立的,携程网跨界颠覆了传统旅游业。

那么，泰康能否借鉴如家连锁酒店的模式，收购、托管那些一般的养老院，能否颠覆传统的养老产业，把它经营好，之后再连锁上市？

泰康团队开始调研，跑了北京 200 多家养老院，在北京、上海进行了 2 000 多个样本潜在客户的抽样调查，还做了人口结构和经济环境的研究。

慢慢想，这个念头被打消了。当时北京的养老院有两大类。其一，特别火，是政府办的示范工程，如北京市第一社会福利院，硬件好，价格不贵，但排队要排几十年，得领导批条子才能进去。而政府不可能把这么好的资源给泰康。

其二，大量的乡镇、街道、私企办的养老院，硬件差，收纳的老人主要是一些需要社会救助的，或孤寡的。有人说，把父母送到这里，是要被戳脊梁骨的。托管、改造这样的养老院，泰康背不起啊。

改个思路。

不是说 90% 的老人是居家养老嘛，那就提供上门养老护理，提供日托服务。它是轻资产，貌似符合投入产出模式。

于是，在北京青年人聚集的望京，立起了个泰康之家养老会所，里面挂上温馨的粉色窗帘，招聘专业训练的护理人员，欢声笑语，喜气四溢，提供居家养老服务。

故事总是出乎意料：泰康之家养老会所几乎变成了保姆培训中介，这些保姆一进入家庭，便抛开泰康，兀自游走于各家各户，晾了泰康。一个无效的商业模式。

"之所以选择望京，是看中那儿人口多，但没有把商业模式吃透，没有意识到，中国没有长期护理保险，当时互联网也不灵，规模小，分散，很难形成规模经济。最重要的是，本质上居家养老不是一个革命性的项目,真正需要的是能带来全新的生活方式。"刘挺军说。

望京确实人口密集,确实也有不少家里的长辈过来,但这些长辈是来带小孩的,而不是要泰康来帮助自己养老的。泰康一门心思送温暖,错爱了。

实际上,经济学家茅于轼曾做过类似的尝试:招募培训偏远地区的妇女,提供保姆服务。但这多少有些公益性质,地道的轻资产——这与泰康要解决巨大的资产负债匹配严重背离。

只运作了半年,赔了几百万元,然后,决然关了。

"勇敢地跳下水还是很重要的,在这个过程中,我们团队对这个行业有了更深刻的理解,它比纸面做模型、做分析,都来得有意义。"刘挺军以为,这几百万元砸得并非全无浪花。

多年来,泰康有句傲娇的话:"目标纯正,心无旁骛,做正确的事,时间就是答案。"但这句话,当时用在望京养老会所,一定让人感觉矫情。

领导的一个唾沫星子　掉到头上就是一块巨石

泰康要建养老社区?险资要进入房地产、养老、医疗领域?跨界经营?在监管的盘面上,从来没有这一号。

"我记得是 2008 年 4 月 20 日,挺军总带着我熬了一个通宵,给保监会写了第一份申请试点投资养老社区的报告。"邱建伟说。

当时的监管政策,对险资进入房地产是限制的。2008 年 8 月,《保险法》修订,首次规定保险资金可以用作不动产投资。"之前保监会有一项新政策，允许险资投资基础设施，泰康做了100亿的京沪高铁的债权计划，我们就跟保监会领导商量，养老社区也是基础设施。"段国圣说。

于是，泰康资产公司用一个基础设施的股权计划，申请特批投资项目。

2009年7月17日，泰康资产公司再次行文《关于发起设立泰康－养老社区股权投资计划的请示》，称受托规模22亿元，全部建成后可有6 000~8 000名老人入住。

"经测算，本项目预期财务内部收益率为11.42%（税前），运营内部收益率为13.68%（税前），静态投资回收期12.39年，财务可行，符合保险资金的收益性要求。"

《关于发起设立泰康－养老社区股权投资计划的请示》还做了最坏的打算："22亿元投资约占泰康2008年末总资产的1.19%，5年后约占0.47%，对泰康资产和收益影响在偿付能力范围内，风险可控。此外，即使在项目失败的极端情况下，还可以通过变现房产和设施收回部分成本。"

泰康做了最坏的打算。

貌似不错。但领导的眼睛是雪亮的。开会时，有人说，别是打着养老的旗号，圈地搞房地产吧？

套用一句话：领导的一个唾沫星子，掉到泰康头上，就是一块巨石。

怎么能躲过这块巨石？只有反复地沟通，不厌其烦地磨叽。

我国的养老需求巨大，支持养老社区，就是支持国家的基础设施建设，无论是对国家还是对民众，都有重大意义……

用家庭化、人性化、医院化的养老社区，来颠覆传统的小规模养老机构，用共享使用权的方式降低养老成本，通过租赁而非购买房地产的方式为养老人群提供高效率、高品质的养老服务……

保险资金需要匹配长期的投资项目，养老社区是一个长期稳定的回报类资产，天然匹配险资的运用和社会经济属性，并可将寿险产业链延长20~30年，简直是险资的"诺亚方舟"……

至于说是不是圈地，否认也没用，说了你也不信，只有做了才知道，所以要试点嘛，就相信这一回吧……

当时保监会主席吴定富、分管投资的副主席杨明生、资金部主任孙建勇，一定对这些说辞倒背如流了。或许，最重要的一条是，险资的"诺亚方舟"打动了领导。在辖下的一亩三分田里，当然要尽力呵护啊。

2009年11月19日，保监会批准泰康养老社区投资试点资格。

在险资投资养老社区这条跑道上，泰康抢到了第一棒。

实际上，这只是一纸批文，只是可以干了而已。但对养老用地，对税收，对补贴，没有任何优惠政策。直到2012年初，允许险资投资房地产的政策才出来。

拿到批文的那天，陈东升正在海南三亚参加客户联谊会，半夜得到消息，陈东升大喜，叫把批文传真过来，兴奋道："这分明是一纸黄金批文啊！"

多年后，业界才体会到这纸批文的含金量，才看到泰康没有浪费这纸批文。

我是CEO 资源要服从战略

圈地说，只是对泰康投资养老社区的第一个质疑。在泰康内部，也口舌纷纷。

重资产经营的弊端显而易见，养老社区做到收支平衡需要6~8年，真正有盈利要8~10年。在这么长的时间里，百亿元、千亿元的资金耗在里面，等项目完成了，市场是否接受？需求是否变了？政策是否变了？

另外，泰康的主业是保险，如今搞重资产自建，需要在项目运营、地产、物业、康复、医药等多个行业中多元化布局，此非泰康优势。

"董事长第一次跟我说要搞养老社区，我就明确反对。我说，国际上没有这么干的。当然我们可以卖一种保单，让客户将来有钱可以住养老社区。董事长说不要，他就要搞养老社区。我说不行，养老社区投资期太长了，也不是我们擅长的。"周国端自有一套逻辑。

作为泰康风控的主管，周国端和陈东升辩论了很久，彼此都不能说服。最后，陈东升就讲了一句话，说："我是CEO，你是CFO，资源要服从战略，这就是我的战略。"周国端只能服从了。

"开始做了以后才发现，董事长讲得有道理。为什么？美国的医疗、养老都太成熟了，没什么空间了，而中国这一块是没有的，是空白的，为什么不做？董事长很了解中国的国情脉动，他很懂在一个大潮流里，站在什么点上，抓住什么机会。"周国端说。

确实，陈东升和周国端的思考是两个层面，前者是势，后者是术。

陈东升也讲术，也算细账："大家知道，从短期来讲，房地产的租金收益不高，但只要有需求，它最终的价值应该不会太差，5年后，就是一个稳定的现金流了。我们的投资回报率在保险公司里面是最高的，可以承受投200亿三五年没有收益的压力。"

泰康资产掌门段国圣，最初也反对重资产，但战略一旦确定，他坚定执行："老板提出要投1000亿，过几年，泰康的资产肯定

12　商业向善　老年的神闲

超过万亿了,1 000亿也就是10%,把我们剩下的90%做得好一点,只要比其他保险公司多10%,这个回报不就回来了嘛。"

刘经纶说:"重资产好还是轻资产好,这个话要两说,一个项目如果不好,轻和重都不好。当然,从资本回报来说,资本当然是青睐轻资产的。但是,国际上的养老机构,轻资产公司的回报规模是做不大的。重资产开始的投资回报低,这就是它的高门槛,人家没法和我们竞争。关键是要科学合理配置和提高经营管理效率。"

刘挺军受命出掌养老社区项目,自然力挺重资产。"只有重资产,你才能在一张白纸上,按照理想的规划意图把项目落地,打造医养产业链闭环,形成规模经济,从而推动一场养老革命,做百年品牌,而不是修修补补、委委屈屈。"

在国际成熟的养老社区,运用共享使用权模式,降低成本,可以让更多的人享受得起,入住率达到95%,远高于酒店的平均入住率。更重要的是,老人在养老社区的平均居住年限超过10年。如此高的入住率,如此长的入住时间,实乃天赐。

"客户选择养老社区,实际上是改变自己的个人资产负债,同时也改变了保险公司的资产负债,把负债,也就是保险端、支付端的期限拉长了几十年。这样的长期产品,又改变了资产端。养老社区、医疗这种长期的、稳定的、能够跨越经济周期的产品,形成了对传统寿险资产负债的改造。"刘挺军说。

从产业链来看,养老社区向上衔接医疗保险、护理保险和养老保险等产品,可推动保险产品创新,同时带动下游的老年医学、护理服务、老年科技产品等产业的发展,从而极大地延伸和扩展寿险产业链,有效整合关联产业。

"未来养老服务的市场价格的涨幅,只要超过成本的涨幅,超过资金费用的涨幅,就可以了。我也做过最坏的打算,最怕的就是门一开,完全没人来,就完了,那无非就是8年奋战吧。"刘挺军说。

补贴富人？钱理群躺枪

还有第三个质疑，这个质疑从头到尾持续多年，高潮是"泰康之家·燕园"开业后北大教授钱理群的入住。

钱理群被誉为20世纪80年代以来中国最具影响力的人文学者之一，是学界标杆级人物。这样一位著名的教授，怎么沦落到这个地步？北大堂堂中国第一名校，怎么连个老教授都照顾不好？太没有人文情怀了，太不尊师重教了。钱教授的子女怎么回事？怎么忍心让老人在年迈之时离家出走？……

当然，这些想法很传统，钱教授进养老院是自愿的。让钱老非常满意的是，在这里到点儿就能吃饭，不用他和老伴操心。钱老说，现在只做3件事，第一是休养身体，第二是写作，第三是跟朋友聊天。早上7点起床，每天看5张报纸，平均每天能写2 000~3 000字。

要得到这么好的服务，当然得有钱。钱老夫妇在燕园的住房是180多平方米，每月房费要2万元。为此，钱老把自己原先的房子卖了。实际上，钱教授也可以不卖房，有一种以房屋做抵押的"倒按揭"模式可以获得住养老院的费用。这种模式是国际通行的，多年前也有中国企业引进了这种模式，但一直没有流行开来。

于是，养老问题出现了死循环：商业养老需求越来越大，但一床难求；而商业养老的商业环境还没有形成，钱不愿进来，供给有限。

要资本冒险探营？于是，政府尝试出台了优惠政策，引导投资进入。谁知这却意外引出了岔子，有人拍案而起，认为钱教授住的高档养老社区,是用纳税人的钱补贴富人……

世道就是如此矛盾。有人认为,不能让钱理群穷得沦落到要去养老院的境地,政府应该把钱老养起来;但反过来,却有人认为钱老去了养老院,是占了纳税人的便宜。

实际上,如果政府出钱把钱老按某级待遇养起来,用的也是纳税人的钱,这和钱老把房子卖了进养老院相比,哪个占纳税人的便宜更多?

补贴养老产业,本是国际上的寻常做法,谁想,钱老躺枪了,泰康也躺枪了。

陈东升有一句话:"用市场经济的办法为人民服务。"如果这句话传出去,会否招来口水?

老年的神闲　这是共产主义生活嘛

沟通监管,说服高管,淡定面对社会舆论质疑——与此同时,最重要的是说服股东,股东是"金主爸爸"。

自2007年11月起,泰康团队多次出国考察。先是日本,东亚近邻。

在日本,泰康团队考察了松下、和民等一批老年养护机构和居家护理服务机构。日本人的精耕细作令人叹服,但日本地少人多,养老机构多采取看护模式,一个机构四五十张床位,规模有限,轻资产无从解决泰康巨大的资产负债匹配的诉求。

日本的第一保障支柱,即政府的行政力量极其强大。在日本的养老花费里,个人支付很少,大部分是由护理险来买单的。2000

年4月，日本开始实行"看护保险制度"，规定40岁以上者须交纳看护保险费，老年时需要看护了，可提出申请，可享受看护保险制度所提供的不同等级的服务。被保险人只需承担看护保险费用的10%，其余部分由看护保险负担。日本政府会在老人集中的地区设立养老机构，招标外包服务，由护理险支付费用。

做个单纯的专业服务者？等待政府招标？与中国现存的众多养老机构竞争？这与泰康的诉求相差太远。

泰康之所以涉足养老社区，正是因为中国的第一保障支柱薄弱，这给泰康商业操作、填补空间、匹配资产提供了可能。将来，也许政府行政保障会完善起来，但此前，泰康可以打个时间差。

更重要的，泰康要掀起一场养老革命，探索人类长寿时代的新生活方式，在已有的养老机构，在现存的空间和架构里，很难实操自己的理想。

日本之后，泰康团队多次来到美国，从西到东，到东北部，一路开车，把美国的主要养老社区 Erickson（埃里克森）、Lifecare（生活护理）、Sunrise（日出），看了个底儿掉。美国的养老机构有多种形式，有单一业态的，如只做护理的，只做协助生活的，还有一种专门做年轻老人的独立生活公寓。泰康团队看中了 CCRC。CCRC 的意思是持续照料退休社区（Continuing Care Retirement Community），这样的社区在美国有 2 000 家，顶级的配有游泳池。

在美国，入住养老社区的老人平均年龄是 78 岁，75 岁以下入住的占到这个年龄段的 2%，75~85 岁的占到 7%，85 岁以上的占到 25%。随着年龄增长，老人的生活能力、社交能力、社会工具的使用能力就越来越差了，高龄服务是刚需。

显然，美国老人 30% 以上是机构养老，远超过中国 3% 的现实。但这很可能就是中国的将来。谁预见到了这个趋势，谁抓住了这个商机，谁有了这个战略，谁就好比站上了雪山之巅，顺滑千里。

重资产打造养老社区，实践新的养老模式，泰康似乎找到了对标。但最让泰康团队兴奋的不是美国养老社区的硬件，而是这样的场景。

"这不就是我们说的共产主义生活嘛！"陈东升脱口而出，"这让我非常震撼！这些长辈，不管是先生还是女士，都非常漂亮，好像要去赴盛宴似的。我一直有个想法，就是改变中国老人生活的邋遢状态，改变他们对生命的态度和生活方式，这就是中国养老革命的第一步。"

刘挺军说："每到一个养老社区，我们都留下影像资料。回到国内，不管是到监管机关，还是面对股东，我们就支起投影仪来，说您看，美国的养老机构是这样的，将来我们就想做这样的养老社区……"

2010年，泰康干脆把股东会议搬到美国去开了，让大家亲身体会一下。在回程，泰康董事、北大孙祁祥教授写下《让我们快乐、优雅地老去》一文：童年的纯真，少年的狂野，中年的潇洒，老年的神闲，这是一个完整生命的构图。

"其实就开销而言，这次董事会代价不菲，但我觉得非常值。"陈东升说。

此行，泰康董事会对投资养老社区形成共识。

灵光一闪　稍一犹豫就会错过的大赌

那厢在美国养老社区转悠得风风火火，这厢，泰康并没有相应的保险产品与之匹配，有点"先干起来再说"的架势。

美国建设和运营养老社区的商业模式是交会费及月租金，这种模式能与保险相对的就是年金产品。

在日本，确有过类似的模式。日本协荣生命保险公司曾开发"年金屋"产品，就是以寿险公司的年金保单，联结退休养老社区功能的一种保险。"年金屋"产品一推出便热销，即使2000年协荣生命被美国保德信金融集团收购，"年金屋"仍在正常运营。

但在中国，法规不允许保险产品条款明文做出保险利益以外的承诺，保险就是保险，扯什么养老社区？

另外，作为新兴国家，中国社会迅猛发展，各种因素变幻莫测，老人的财富及寿命，养老社区的建设运营及人工成本，医疗技术进步及保障模式，市场接受及习俗改变，都全无资料，变数多多。

在这等恐慌中，让精明的精算师们做出类似"年金屋"的产品，不论是在技术层面，还是在职业伦理层面，都令人挠头。精算师是要对产品签字的，是要负责的。

说服精算师需要权威，但陈东升的权威，在监管面前不好使。

保险产品与养老服务挂钩，如何通过监管？如何灵光一闪捅破窗户纸？

一次业务探讨中，陈东升把两手攥在一块，再拽开，说，把这两个东西——一份保单，一份承诺函，拆开了不就行了吗？

具体地说，在不能锁定人工和养老成本的情况下，客户只要购买了保险，就给客户提供一个入住养老社区的选择权。这样，既可将保险与养老功能结合起来，又可规避政策与技术层面的对抗。

这灵光一闪的创新，貌似轻巧。"不是所有的创新都是断崖式的、颠覆性的，大多数都是一个持续性的过程，不断地实践、总结、试错，最后形成创新。有时候创新就隔着一层纸，但要把这层纸捅破是很难的，要用万钧之力，捅破了就是一个伟大的创新。"

这灵光一闪的背后是一个大赌：前提是，社会需要保险，需要高档的养老社区服务；而养老社区服务是稀缺的，是大家都没有见过的幸福景象，是吸引客户购买保险的由头；进而，二者相辅相成，互为促进，养老社区服务吸引高客，高客提供稳定的保险金，推动泰康扩大养老社区建设规模。

后来陈东升把这个相辅相成搞成了一个词——化学反应。之后，泰康人就总说化学反应。

这个大赌可能的败局是：养老社区不受追捧，供过于求，泰康进场了，而泰康没有优势，奋战八年也没赢得市场⋯⋯

实在是一个大赌，比陈东升搞嘉德国际拍卖，一年没开张的赌要大得多。事后看，这也是稍一犹豫就会后悔，就会错过的大赌。

2012年4月，泰康自己的"年金屋"产品——"幸福有约终身养老计划"（简称"幸福有约"）出世。

泰康养老社区采用客户会员制，实行"保单捆绑+押金"的长期持有型模式，保费不低于200万元。"幸福有约"由"乐享新生活养老年金保险（分红型）"（简称"乐享新生活"）和泰康之家的"泰康人寿保险客户入住养老社区确认函"（简称"入住确认函"）共同组成。

"乐享新生活"提供从约定年龄开始、终身按月领取的生存保险金，可满足客户养老生活的日常开支，活到老领到老，有效应对长寿风险；同时，产品还提供备选的一次性领取生存保险金，可作为养老生活的启动资金，也可再投资；产品还具有分红功能，能在一定程度上抵御通胀风险。

"入住确认函"把"乐享新生活"与泰康养老社区挂钩，为客户提供入住的选择权。

插一句。阿里巴巴创造了什么？每年5 000亿美元的交易额确实伟大，但更重要的创造是交易背后，对交易的大数据和诚信轨迹的留存，这样的技术和制度体系的保障，是建立政府、社会及商户个人的商业信用的基础。

而泰康的"幸福有约"，几乎涵盖客户一生的保障，也是在建立一种信用体系。反过来，泰康的保险产品的承诺，也需要国家法律和社会信用体系的背书。

10多年前，股东们把17亿元的资本交到陈东升手里，是信任，"就看上你这个人了"；今日，数以千计、以万计、以亿计的客户把保费交到泰康手里，一交就是几十年，这也是信任。

对陈东升，对泰康，对企业家来说，诚信大于天。

泰康的"年金屋"为何名曰"幸福有约"？这是一个10年的故事。

2002年，泰康率先推出综合家庭保障计划，"一张保单保全家"。这里的关键词是"家庭"，泰康推崇"爱家"，一个普世的价值观。

重复之前的说辞。一个家庭有不同年龄的成员，不同年龄有不同的保险需求。如果把一个家庭不同年龄的成员的不同需求，当作一个人一生不同阶段的保险需求，便是后来大放异彩的"从摇篮到天堂，覆盖人的生命全周期"的"大健康"理念。

在爱家理念下，"一张保单保全家"产品多次升级，从保险套餐、保险自助餐，到保险超市，从个人账户到家庭账户，直到10年后的"幸福有约"，以及"幸福有约"少儿版。

此后，"幸福有约"更演化出"活力养老、高端医疗、卓越理财、终极关怀"四位一体的框架，延展出细分的15款产品。

泰康养老社区的运营，借鉴了美国养老社区模式，但在投资匹配上，在保险产品与养老服务的结合上，老师傅没有给出药方。

在国际保险业，"幸福有约"是一个原创的商业模式，它改变了保险企业仅提供保险产品的传统，得以将保险产品与养老社区和客户结合起来,构建了虚拟金融产品与实体养老服务的结合,打下了泰康转型医养及大健康的基础。

泰康养老战略和商业模式,由此确立。

能拿200万元买保险的都是什么样的人?

灵光一闪拽出了"幸福有约",也捎带改变了寿险公司无高客的历史。

2012年泰康推出"幸福有约",在北京分公司试卖。"出第一张保单时,特别感动,哭的心都有。"尹奇敏说。

但许多人并不看好。"一个2万元的保单都不好卖,200万元的保单,谁买?"

经济学家曹远征是"幸福有约"的第一位签单客户。其实,那是友情客串,曹兄并不了解这款产品的内容,到2021年还没入住养老社区,在家悠闲弄孙。

但品位高端的汪刚明察秋毫:"每年能拿20万元现金,或一次性能拿200万元买保险的都是什么样的人?"

这是个好问题。

其时,汪刚已从地方回归京城,任泰康CEO办公室主任:"在西方,有100万美金存款的,就是高净值客户。在中国,银监会规定,银行存款在600万人民币以上的,就是私人银行客户。你看我们保险,是不是累交保费,或一次趸交保费在200万人民币以上的,就是我们的高端客户?"

这是保险业第一次明确提出高客概念,并且以泰康"幸福有约"200万元保费为标准。

那么，高客都是些什么人？他们需要什么样的服务？有什么偏好？高客的经营模式是什么？"世界财富正在由西向东转移，中国是一块高地，是全球第二大财富管理市场，中国的超级富豪人数在美国之后，全球排第二，他们需要财富管理，其中最重要的一项就是人寿保险。"

汪刚兴奋了，前后改了11稿，提出"高客战略"。

由此成立高客事业部，号称F1，汪刚任总经理。他说："我们有两个创新：一是创新了保险业成体系经营高端客户，二是创新了高端客户医养综合解决方案的一站式提供。"

2013年正式开始做高客前，泰康的保险产品件均保费只有4 000多元，成本高，效率低，17年自然积累的高客只有5 600人，还是受大额保单之赐。如今一单20万元，效率提高了40倍。

"我们找高客有很多办法，比如我们的养老社区，能进来的就是高客。我们的高客里，基本上都是私人银行客户。到2020年底，各家私人银行客户的总数加起来有70多万，可投资产在1 000万元以上的高客有220万。这些都是我们的潜在发展对象。"

高客高歌猛进。2012年卖了395件，2013年3 000多件，2014年5 000件，2015年6 018件。与2009年相比，高价值类业务、15年以上长期期交类业务占比大幅提升1倍。

到2020年，泰康高客破10万，健康财富规划（HWP）项目人力超4 000人。"我们已经进入第一梯队，在工农中建后面，排在第5位，超过交行、招行。2017年我抽样了2万名高客，我们高客平均拥有的可投资产是3 650万，而私人银行客户是1 500万，招行是私人银行里最好的，2 560万。我们的客户平均一年大额消费300万，300万乘以10万是多少？换句话说，泰康所有的东西都没了，只要经营这10万客户，就是一个世界500强。"

2013 年后的七八年里，泰康的新单价值和新契约是 20% 的增长。"如果剔除掉高客，泰康的新单价值就没什么增长了。"

不同于保险企业获取大规模客户的传统打法，泰康开启笃力高客模式。

"我们可以为高客提供手术预约、名医诊断、绿通挂号、海外医疗、海外救援，我们还有私人旅行、私人管家、私人法律、私人收藏的服务。我们有一位客户，43 岁的女士，她希望在儿子 12 岁生日的时候，送给他一个有 F1 舒马赫签字的头盔，我们还真给她弄来了。当然，她得付费。"

虽然汪刚天地通达，但他得不到高客的资料，陈东升也看不到，资料都成了代码，姓名、身份证号、手机号、家庭住址，全都屏蔽掉了。

高客们使得泰康钱包鼓鼓，偿付能力大升。按"偿二代"标准，2016 年第一季度泰康综合偿付能力充足率达 302.95%，相较 2015 年底"偿一代"指标大幅跃升 100 个百分点。

20 年前，1996 年 5 月 21 日，泰康尚未开业，《金融时报》刊登郑燕的报道《目标：进入 21 世纪中国大众生活》，称泰康筹备进展顺利。

实际上，20 年来，泰康的重点展业对象，渐次从大众到中产，再到高客。

2021 年，太平人寿战略发展部李芳、钟潇撰文《从实践看寿险业高客经营趋势》，认为过度依赖缘故，市场的获客模式已走到尽头，险企新客增长普遍乏力甚至趋于停滞，下沉市场表现不佳，险企重新聚焦存量高端客户。

《从实践看寿险业高客经营趋势》一文分析了泰康和友邦的高客经营模式。

泰康自建"四位一体"生态，以组合拳进军高客领域：依托以养老社区为标志的服务生态体系，成立独立部门，设计专属产品，打造精英队伍，吸引高客。泰康健康财富事业部总部层面配置了百余人力，承担与高客相关的研究规划、产品开发、服务体系、关系管理等工作，分公司及地市中支设专职承接落地。泰康"幸福有约终身养老计划"包括10余款产品，覆盖年金、终身寿险、重疾、医疗多元险种，其销售主要受关联养老社区资格带动。

友邦着力打造精英队伍，依托精英代理人自带资源禀赋，介入高端客户当中。友邦的高净值业务部偏重活动策划和专业技能输出，配有多名法税专家驻扎各地，承担销售培训、沙龙演讲和陪访工作。友邦"传世"系列包括年金、终身寿险、医疗3款产品，精准锁定高端人群，新单保费贡献较为突出。

早先，泰康的对标企业是新华，后来又锁定太平洋和平安。如今，同行直接把泰康和友邦配对。

末了，《从实践看寿险业高客经营趋势》的总结如下。从优势来看，泰康较早布局康养生态，建立起先发优势，是品牌效应的最大受益者。从挑战来看，快速布局带来较大资金压力，基于这一现状，支付端扩大保费入口并扩展寿险渠道对养老社区实体现货销售的带动，服务端在自建之外补充轻资产生态布局，或是可行的破局方向。

附录　2020年中国中高净值人群医养白皮书（节略）

泰康保险集团联合尼尔森共同发布

- 长寿时代的特征是低死亡率、低生育率、寿命延长，在相当

- 长的时间内，人们的预期寿命每 10 年会增长 2~3 岁。
- 实现好的养老生活，有 6 大类 19 个准备事项，包括财富与资源、健康与自律、自我内驱力、社交/朋友、家庭关系、工作生活。
- 传统观念上的养儿防老，认同比例已不到两成。认同比例从高至低分别是：拥有充足的养老资金（80%），维持好的身体健康状态（77%），拥有自律的健康生活方式（53%），拥有和家人的良好情感关系（52%），拥有能够保持来往的好友（50%）。
- 维持高质量的生活水平所需的养老资金，远超预期。1 060 万元是维持中高净值人群当前生活水平所需的养老资金均值。
- 62% 的中高净值人群仍倾向于居家养老的方式，抱团养老、候鸟式养老以及海外养老的方式也逐渐兴起。此外，13% 想选择托管式社区养老，45% 选择不同档次的机构养老。
- 中高净值人群对养老机构的需求，已不再是传统的敬老院照护模式，而是需要在具备度假品质的同时，又有家的归属感。此外，交通方便、周边配套好、生活便利、适老化的优质硬件条件，都是重要方面。
- 中高净值人群在寿险和健康险上的整体配置比例较高，但在年金险上的配置比例偏低，不足 20%。87% 的中高净值人群都已为自己购买了健康险，其中 61% 购买了重疾险，是配置比例最高的健康险险种。
- 目前半失能和失能的老年人的人数已经超过 4 000 万，按照 IADL（工具性日常生活活动能力）衡量，约 30% 的老年人有独立生活之困难，10% 的老年人无法独立生活，7.66% 的老年人和 24.36% 的高龄老人表示有照护服务和康复服务的需求。

他83公里 我38公里 他怎么活？

虽然拿到了"尚方宝剑"，拿到了养老社区"准生证"，但大楼不会自己立起来。

2008年，刘挺军在美国，问Erickson养老社区的老板："做养老社区最重要的是什么？"

答曰："从第一天起，你就要认定，这是一个长期的事业。"Erickson从立项到建成，用了9年时间。

2015年6月，泰康第一个养老社区燕园正式开业。刘挺军掐指一算，从2007年有了想法，用了2年多市场论证、申请投资许可，又用了2年多选址购地，再用3年多建设，前后也用了差不多8年时间。

对养老社区的选址，刘挺军极为执拗。"北京人为了实现别墅梦，可以跑出去几十公里。养老社区也要近一点，不能超过1小时的车程。"

建养老社区，邱建伟是元老之一。"我们做市场调研，一个阿姨说：'如果你把我放到八达岭长城那么远的地方，可能就给了我孩子不来看我的最好理由。'年轻人和老年人的想法就是不一样，老年人更怕的是寂寞，怕与家庭和社会隔离，怕离医院太远。"

选址搞好了，不仅是为了老年人，也是为商业竞争力。一次有人对刘挺军说，某公司的养老社区要动工了。刘挺军眼也不抬说："他83公里，我38公里，他怎么活？"

"在没有做养老之前，我真不知道北京有这么多边边角角的地方。我们一提做养老,领导跟我们指的地方,很多边边角角的,还真指过八达岭、明十三陵这些地方,我们看了280块地。"刘挺军说。

拿不到合适的地,泰康团队只好硬挺着,不凑合。

曾经想过租用农民的集体土地。确实便宜,但资产无法入账。而且,不安全,将来养老社区火了,农民闹起来要涨租金怎么办?北京宋庄画家村就闹得不可开交,上了法庭。

另一种方式是工业用地改造。"这些建筑总有先天不足,比如走廊只有1.4米宽,卫生间很小,老人的轮椅转不过来。"

泰康团队还考察了孔雀城、京津新城、盘龙谷等几个紧邻北京的大盘地产项目。但这些"类别墅"地处偏远,容积率1.0左右,多是六七栋联排、六七层叠拼,这与泰康的大社区梦想……算了。

"我们曾在北京西山找了一个保利的项目,西山林语,2万多平方米,当时卖不出去,稍微改造装修一下就能用,但陈董还是觉得这个规模太小,一定要自己拿地建一个大规模的,像美国CCRC那样的场景。"刘挺军说。

拿地?只有招拍挂,一级开发一条路,没有任何捷径、任何优惠。但一级开发要从农民拆迁到土地整理,全程操持。

泰康团队的拿地之途艰辛异常,每次投标前都要做大量功课,制作宣传片、PPT(演示文稿)、宣传手册,到了现场,对方一句"国家没政策",或"又想圈地了",瞬间就把他们打回。

北京昌平区政府曾同意在小汤山给泰康一处大地块,但由于拆迁等种种波折耽误了两年,区领导又换人了,黄了。

终于,在北京北面,白浮泉湿地公园旁边,上风上水,距离合适,泰康团队看上了一块地,就是后来泰康燕园的地块。只是,每平方米价格超过9 000元。"快1万元1平方米,实在做不动啊,只好耐心等吧。"刘经纶说。

泰康捡了个漏　从此再无此价

机会来了。

2011年底，全球金融危机打击甚烈，中央政府实施调控政策，地价下跌，而地方政府缺钱，只好出手一些地块。那时，昌平政府要出3块地，前两块地都流拍了，没人要。

"那天政府打电话给我们，说你们当年看的那块地准备挂牌了。我们下决心一定要拍下来，但到了现场才发现，只有我们一家，就以底价成交了，我记得是5 178块钱的楼板价。中了标当然高兴，但突然想，是不是上当了？是不是买贵了？要不怎么没人买？会不会回来被老板骂？过了4个月，整个北京的房地产，全国的房地产，一片反弹，这之后一路不回头，再也没有这么低的价格了。"邱建伟说。

泰康捡了个漏。这块地，70%的住宅，30%的商业，用这样一个商业地块来做回报期很长的养老社区，有点暴殄天物。改做他途？这岂不应了"圈地"的谣言？

"你要说真不动心也不是没有，但两方面，第一是，政府的养老用地是社会福利用地，是划拨的，不会给非国有企业，更不会划拨给商业性的机构，除非我们做政府的公办养老院。第二是，如果将来市场不好，我们拿的是住宅和商业用地，最后改变经营内容，也是合理的，也是有市场价值的。但每次我们一有销售的想法，陈董都坚决地顶回来。所以，我们还是坚持做养老社区。"刘挺军说。

2012年初，燕园地块落定。

燕园之后，趁热打铁在北京再拿第二块地？不，有全国战略布局，先要拿下上海、广州这些经济发达、老龄化程度高、养老意识强烈的大城市。

虽然，在一些二线城市拿地，如武汉、成都、西安、沈阳，要比北京、上海、广州容易，成本还低。但不，还是先拿沪穗。

甚至，苏州地块比上海先搞定，但也要暂停，先拿上海。

在上海，位置依然是第一。"最早我们去了崇明，但觉得太远。后来和青浦有了一个意向签约，又觉得青浦也远。我们宁可晚一点拿地。松江离市区40分钟车程，离三甲医院15分钟车程，三面环水非常美丽，就下决心了，最后拿下松江。"刘挺军说。

秉承战略思维，鄙视机会主义，贯穿泰康决策始终。

从拿地开始，到建设养老社区，到医养大健康，再到墓地服务，泰康从此尝试像苹果公司那样，建立闭合式产业链条，而不仅是简单的养老地产。

5副眼镜　模拟老年人的青光眼、偏光眼、白内障

2012年初，燕园地块，那是"皑皑白雪覆盖下的一片大坑"。

试想，这个"大坑"将来会出脱成怎样一幅美景？但眼下，泰康团队正着急呢，他们连老年人到底需要什么都不托底。

在北京、上海做了几千份市场调查，泰康团队总结出老年人7大需求：社交，运动，营养美食，文化娱乐，健康，财务管理，心灵归属。

刘淑琴说："我们这里备了5副眼镜，一个药瓶，一副手套，还有一个针线包。戴上手套拧药瓶，直打滑；小药片掉在地上，哆

嗦着捡不起来；穿针引线，就像爬雪山过草地；而5副眼镜，模拟老年人的青光眼、偏光眼、白内障等，视野变窄，色彩暗淡，形体模糊，线条扭曲——这就是老年人的世界，夕阳无限好，更多是无奈。"

以老年人的视角看待世界，体味生活。

比如地毯。一些公共场所，地毯是方格状，一深一浅。这在养老社区是禁止的，因为在老年人眼里，这是凹凸不平的，影响走路。

"中国的建筑规范跟美国不一样，生活习惯也有很大差别，所以不能生搬硬套，这样就会面临工期、成本、产品方方面面的矛盾。但质量是第一位的，比如连廊，成本很高，能耗也高，中国的建筑规范是要算面积的，但也得建。还有游泳池、餐饮、医疗设施，都必须坚守我们的定位和品质。"刘挺军说。

中国、美国、日本，各路设计团队会聚泰康燕园，有做酒店的，有做医院的，有做社区的，有酒店总经理、医院护理师、医疗顾问、投资商、运营商、建造商、服务商、物业顾问，大家反复讨论社区应该具备哪些功能，包括餐饮食屋、文娱健身会所、老年大学、医疗保健，甚至宗教研习场所，这些功能体现在楼体上应该是什么样的位置？入口怎么做？平面怎么布局？怎么最方便？怎么最有效率？……

走廊的宽度，扶手是L形还是I形，房间的门把手，鞋柜的位置，衣物挂钩的高度，沙发的硬度高度，花园里座椅的间隔长度，防止炫目的灯光设计，不同地点灯光的颜色，无障碍的宽轿厢电梯，大字符的电话，无棱角家具……

电梯按钮要加大、加亮、加颜色，加一个红圈；设立两套供暖设备，一套是市政的，一套是社区自己的，供暖期比政府规定的延长一个月；中央空调不直接吹人，有新风，要过滤PM2.5（细颗粒物）；要软水，要过滤杂质；每个墙角都抹成圆弧，虽然要增加很多成本……

"入住燕园后不久，很多长辈都把拐杖丢掉了，我问啥意思，老人讲，走路其实并不一定要拄着拐杖，拐杖是用来探路的，但住进来了，发现社区到处都是无障碍，拐杖就没用了。"刘淑琴曾任泰康健投高级副总裁，从"大坑"开始就在燕园里操持。

物质上的障碍要清掉，精神上的也要尽量舒缓。在养老社区，要求员工尽量少说"老"字，也不要总说"孝顺"，不能总是强化老人的负面情绪。老人应该是朝气蓬勃的，是人生的第二春，要健康地、有活力地、时尚地生活，"Viva the Vital"（活力万岁），而不是被动地、被赡养地养老。

尊重是第一位的。

"在台湾老年社区的卫生间里，坐便上边有一个水龙头，有什么用？答说，老年人有时会大小便失禁，员工清洗时用。我们回来一讲，大家都觉得好。但到美国一看，人家没这个水龙头。一问，美国人笑了说：'对客户第一要做到的就是尊重，这些老人可能会有大小便失禁，会记不得什么时间该做什么事，甚至找不到洗手间，这恰恰就是要我们服务的，我们第一个就要记住每个人的时间表，这样老人就不会出现这样的事故。'美国人说得对呀，不能给自己犯错误留下方便，于是把水龙头给撤了。"

泰康团队还有一个争论，就是养老社区员工的卫生间是否要搞坐便。

有人反对，说医院的公共卫生间全是蹲坑，这样可以避免传染问题，不让员工坐在马桶上玩手机。但另一派认为，养老社区是要传递幸福的，如果让员工在低品质的环境里生活，然后到高品质环境去工作，心理上是不舒服的，又怎能舒心地服务好老人？于是，员工的工作区、宿舍也都高标准设置。

这是一个心理学问题，属人文范畴。

插一句。2021年4月，中国人民银行有一个关于人口问题的研究报告，其中提出一个论点，说中国文科生太多，拖累了经济发展。映照问一下，在养老社区建设中，是理工科技能管用，还是文科知识重要？

6个外交官、24个院士、297个正副教授打卡地亮丽

2011年，在位于北京市中心的办公楼第38层，泰康团队开办了新型养老模式展示中心。之后，又在昌平燕园实地设立了一个生活体验馆。

体验馆最初是由韩国一家展览设计公司打造的，谁知工程刚过半，便被泰康团队全盘否定，太"Low"（低端），韩国公司甩手不干了，留下一个烂摊子。泰康团队紧急接手，请来13家外包公司，最后由一工建筑设计公司主创，40多天便建成了体验馆。

很多人来参观体验馆，然后预订。"这个预订是确定的，还是一时冲动？到底有多少人是真想入住？"2014年11月，泰康做了一次客户见面会，一下子来了300多人，场面热烈。

泰康燕园2016年6月26日开业。

"刘葆锴叔叔和孟繁敏阿姨是我们燕园的第一户居民。他们是在网上看到燕园的信息的，然后就来看，非常喜欢。我们工作人员到他家去拜访，他们家人觉得是不是遇到了骗子，非要看我们的工作证。他们觉得奇怪，老两口着了什么魔，非要抛家舍业去一个养老院。后来他们全家都喜欢上了燕园。"刘淑琴说。

这两位老人入住时是78岁，他们把入住的那天当作他俩共同的生日，每年都过一下。住进了社区，家务事免了，各自忙自己的爱好，真正的放松，"我的晚年我做主"。"春节到他家去，看到门口的春联没贴在门上，是拿一根绳挂在上面的，我问为什么不贴，他说怕把漆给贴坏了。"刘淑琴说。

陈东升说："一次我听说杨澜来燕园了，来看老领导陈汉元，就是那个《话说长江》的总撰稿，央视原副台长，一个老帅哥。我都不知道陈汉元住在这儿。陈汉元得了10年帕金森病，靠老伴照顾，这么瘦小的一个女人，哪儿弄得动。女儿一家在日本，每天打电话问爸爸妈妈好不好。一次他摔在地下，不吭一声，却说很好。后来到了燕园，做了3个月理疗，能站起来了。"

陈东升的母亲也住进了燕园。

用市场经济的方式为人民服务，也为自己服务。

起居服务只是最基本的，老人们更多的需求是交际。第一批60多户入住后，大家赶忙着彼此认识，找朋友。他们发现，若干年前彼此是邻居，或一个人是另一个人某个同事的朋友，大家会集起来了，说"我们就是空中四合院"，成了一个大家庭。

几年后，燕园已有70多个俱乐部，开了190多门课程，很多课程都是由住户当老师的，大家彼此称呼老师、学生，忙忙碌碌。"活力有三个层面。在价值观上，使命决定寿命，崇尚自由独立，热爱生活，珍惜历史，相信未来，这是他人所不能给予的；在社区组织上，自治极为重要，在这一点上，泰康宁做居委会主任，而不做老干部局局长；在生理层面，讲求科学运动、保健、膳食。"刘挺军说。

燕园的老人有第一代女拖拉机手，第一代广播员，第一代大法官，企业高管，科技精英，各行各业都有，有中宣部前部长王忍之、人民大学老校长黄达、经济学泰斗吴敬琏、共和国主席刘少奇的女儿，6个外交官，24个院士和学部委员，16个双一流大学书记和校长，297个正副教授……

到2021年，泰康养老社区已在24个城市布局。

如今一谈到养老社区，领导们已不会大手一挥八达岭了。甚或，有城市主动找来问："在我们这儿开一家？"

养老社区已经成为泰康的一张闪亮名片，也将成为所在城市的打卡地。

"你真是个大善人" 这话听着受用

美国Erickson养老社区，是名为埃里克森的老头创立的，他原本是搞数学的。

陈东升最早去Erickson考察时，埃里克森父子俩很热情，带着他参观。让陈东升感到震撼的是，社区很多老人见了埃里克森，竟然说"你真是个大善人"。

这是在横不齐的美国呀，是在商业机构呀，是市场操作呀，却因喜欢养老社区服务，而恭维商人埃里克森？

"这就是说，能够促进人类社会进步，能提升人们的生活水平和生命质量，能做出这些看得见的有意义的事情，这样的商业也是很伟大的。我更看重自己被尊重，而不是自己成为一个成功的金融家，自己赚了大钱。"陈东升说。

当陈东升塌下心做医养时，资本市场正掀起轩然大波。

2015年股灾后，借着高层的救市号召，一批彪悍的保险黑马，前海人寿、安邦保险、生命人寿等，在资本市场频频动作，宝能系姚振华几乎掀翻了万科，捎带着坏了证券、保险俩主席。

插一句。末了，姚振华被处罚10年禁入保险业。但他还是赚钱了的，2018年4月，宝能系两次减持累计获利20.7亿元，2年时间利润率近80%。而姚振华总共在万科上投了451亿元，减持不到1/10。不让进保险业了，姚振华入主了观致汽车，去玩新能源汽车了。

这些新起的险企，在业界被称为平台型公司，通过银保渠道大量销售短期、高利率的万能险等理财产品，圈到钱，再到股市上举牌，攻城拔寨。

保监会调查，2015年共有10家保险公司累计举牌36家上市公司，投资额3 650亿元。2016年，险资在A股举牌了120家上市公司，除宝能系争夺万科、南玻A，还有前海人寿举牌格力，恒大系举牌万科A、廊坊发展，安邦二度举牌中国建筑，阳光保险举牌伊利股份、吉林敖东，泛海系举牌民生银行，中植系举牌法尔胜，国华人寿四度举牌天宸股份……

以传统保险理论，这种彪悍远离保险。简单说，短债长配，一旦资金链断裂，顷刻翻覆。

实际上，这些保险黑马或许并非不知道保险应该怎么做，而是不愿做、不屑做、不能做。有赚快钱的路数，谁乐意面朝黄土汗珠子摔八瓣？比如，10年前50万元就能开办一家分支机构，现如今500万元都不一定能开起来，要从头建销售，要一单单刨保费，达不到一定规模，成本山大，绝无希望。谁愿立地成佛？

发财的欲望总是爆棚，只争朝夕。于是，借着保险平台，黑马们扬蹄奋进，业务增长骇异。2015年，奋斗了19年，泰康规模保费才突破千亿元，而安邦保险比泰康晚8年，却一举超过泰康。

然而，同是千亿元，内涵完全不同。黑马们徒有虚胖，而2015年，泰康15年及以上的保单占比近70%。这意味着，泰康70%的业务，在未来15年都能持续贡献利润。

泰康与保险黑马，拥有不同的理念、路径、价值观。泰康不屑赚快钱。

经过30多年，铺设机构、人海战术、成本控制、降费竞争等负债驱动型发展模式走到头了，扩张拓展几近触顶。2017年后，随着监管新政出台，资产驱动型模式受阻。而在这之前10年，泰康就萌动探寻新的商业模式：开拓医养产业，利用保险长线资金匹配长期投资，推动虚拟保险产品与实体养老社区结合，打造全生命产业链。

泰康的医养路径，契合了国家大势。

2014年8月国务院印发《关于加快发展现代保险服务业的若干意见》（即"新国十条"），2015年11月国务院转发卫生计生委、民政部、发改委等9部门的《关于推进医疗卫生与养老服务相结合的指导意见》，2016年7月民政部、发改委印发《民政事业发展第十三个五年规划》，2017年6月国务院印发《关于加快发展商业养老保险的若干意见》——都是在鼓励保险机构投资兴办养老健康产业。

做国家的买卖，总不会错的。

2014—2017年，全国人大、全国政协、国务院、发改委、国家卫健委、民政部、人社部和监管部门领导，密集到访泰康燕园，调研医养模式。

貌似悄没声儿，保险、养老、医疗、健康、互联网，这些跨界元素正在泰康系融合。

泰康已不是一家传统意义上的保险公司。

13

自建整合跨界探路医疗

不能 5 分钟把病人打发走　必须全流程

拿下燕园，市场调研，泰康发现，60% 的养老客户的第一需求是医疗。

医和养，根本分不开。

对标美国，美国医疗体系发达，家庭医生、全科医生、诊所、医院、康复机构，应有尽有，质量规范，并且全国品质平衡。因此，美国养老社区大都不设置专门的医疗机构，外包足矣。

但中国，医疗是养老产业的痛点。就此，泰康开始了系列医疗布局。

泰康养老社区配备了二级康复医院，"一个社区，一家医院"。康复医院为医保定点医院，可与泰康商业医疗保险产品实时结算。

养老社区与所在城市三甲医院建立绿色通道，签约999急救车驻场。

养老社区还计划与北京、上海30家顶级医院，以及两三家国际领先医院建立合作关系，成立泰康医院联盟，并与中国前100家医院300名顶级医学专家签约，开展健康管理、绿色通道陪诊服务……

2014年，泰康与美国约翰斯·霍普金斯医院协议开通转诊绿色通道。8月底，在"全球医疗直通车"启动前，燕园员工李阿姨意外查出肺癌，辞去了燕园的工作。

虽然"全球医疗直通车"是针对客户的一次福利，但泰康破例安排李阿姨参加了医疗咨询，请斯蒂芬·C.杨（Stephen C. Yang）博士给她免费诊断。9月2日，李阿姨确诊肺癌，杨博士建议手术。

出人意料的是，接着杨博士还联系了人民医院知名专家，进行后续跟踪治疗。9月12日，李阿姨的手术成功，逐渐康复。

为何要联系后续治疗？杨博士表示，医生不能只看5分钟就把病人打发走，必须完成诊断全流程，这是美国医疗界的规矩。

从2000年初引进外资股东，泰康就有一个期许：不仅要引进资本、技术、硬件，还要借鉴观念、系统、软件。此次与约翰斯·霍普金斯医院联手，亦然。

对标凯撒进军医疗

此后，泰康的战略设想有了转移：从寿险养老社区进入综合医养，泰康要进军医疗。

一言之，泰康要尝试建立国际上发达国家常见的产业链重度垂直医疗保健系统，自上而下的医疗、养老保险、疑难症医学中心、门诊住院治疗、社区预防保健及院外康复护理，加之应用移动互联网，将之延伸到客户端。甚至，将来还要搭建自成一体的医护人员培训体系，建立自己的护校和医学院。

泰康商业模式对标凯撒，再加以本土化。

凯撒医疗集团诞生于1945年，是美国最大的健康维护组织。至2017年，凯撒共有39家医院，680个医学中心。凯撒的核心是将保险支付和提供的医疗服务一体化，以利益博弈遏制过度医疗，制约成本上涨。

凯撒模式有三个特点：以企业客户为主，会员购买凯撒保险，交纳固定的费用给医疗集团，按照不同等级享受医疗服务；封闭式管理，一般不为健康计划之外的成员提供服务；最关键的是保险端与医疗服务提供方之间的利益一致性，双方签署风险分担协议，医生具有控费的动力。

与美国同类医疗成本相比，凯撒平均成本低17%。但雷区是，自建或签约医院的重资产模式，投入量巨大，在运营了70多年后，凯撒医疗的版图还只铺到了美国的8个州。

泰康开始行动。2016年在入股并整合拜博口腔项目上，泰康就借鉴了凯撒的控费机制设计：泰康拜博口腔推出按人按年付费的模式，同时发布5款口腔保险产品，可用于诊费支付。

这一年，泰康还在广州、武汉投建医院，后者就是在新冠肺炎疫情期间声名显赫的泰康同济（武汉）医院。

除自建外，泰康在医疗健康板块主要是投资、合作，整合民营专科医院。2015年，泰康资产与天士力联合成立大健康产业基金，投资京都儿童医院、安琪儿妇产医院和奥泰医疗等医疗项目。此外还投资了南京仙林鼓楼医院，收购和美医疗，增资入股四川和福医颐集团，增资入股汉喜普泰（北京）医院投资管理有限公司，与北星地产金融成立合资公司，持有逾450处美英医养资产，投资入股百汇医疗在华业务，等等。

在泰康医疗版图中，有导医咨询、健康保健、健康检测、齿科保健、基因检查、肿瘤筛查、中医保健、私人医生八大类服务，已整合262家体检中心，15家公立、30多家私立医疗机构的资源。

陈东升很兴奋：未来10年每个省会城市都有泰康的三甲医院，泰康将是中国未来最大的医院集团之一。

不急着当司机　先当乘客吧

但医院的水很深，比如和美医疗，老板是莆田系的人，泰康砸进去以亿计的资金，转瞬飘了。

做医院最大的问题是专业人士。泰康拿下仙林鼓楼医院，一开始口号喊得很响，要建东方的约翰斯·霍普金斯医院，请了两个美国专家来当院长，但他们水土不服，搞了四五年没搞上去，末了请了湖南湘雅医院的退休院长孙虹。湘雅医院在全国排名前十，他说："陈董，你这个医院就是一个县级人民医院的水平。"

"泰康仙林鼓楼医院年收入已经到了6个亿，但还没有盈利，对比别的民营医院，跟它类似的500个床位的，做到5个亿就赚钱了，管理跟不上啊。泰康同济（武汉）医院，建得很漂亮，40亿投资1 100个床位，一个床位400万。但武汉亚心，一个老牌的民营医院，建一个床位只要100万，在起跑线上人家就赢了。"

除去综合医院，泰康拜博口腔是另一个例子。泰康从联想手里接过来时很乐观，觉得70万个代理人立刻就把客户带来了，两三年就会扭亏了，于是大干快上，增加店面，租金大涨。但3年下来还是亏，一直想调整，到2020年，被抗疫精神激励着，下大决心调整，关了一些大店，留下效益好的小店，开始扭亏了。

"看起来这么简单的一个事，用了好几年，花了好多钱，才搞明白。"周国端也一直在困惑，"我的金融跟数学训练都在美国，很传统的那种训练。我是很能算的，估值、投资、搞模型，都没有问题。但保险公司经营养老社区，搞医院，怎么算？从来没有被训练过。在泰康做事最辛苦，董事长变得太快了，他一直创新，他一创新我们就要跟着学，我现在在看医学的书，看医院的财务报表。董事长看大势挺准的，我只是会讲中文，但我不了解中文背后的很多东西。我待过日本、美国、德国，这些国家都是比较成熟的，金融市场都已经建好了，而中国一直在变。"

不仅是周国端，许多泰康股东也困惑，泰康进军医疗，是不是跨界太大？能把控风险吗？

"我经常讲战略决定一切，高管们首先是战略家，然后才能把战略带到各自的板块，执行力不够，主要是对战略的认识不足，当所有的人理解战略后，执行的问题就解决了。"陈东升说。

2016年3月，泰康在香港丽思卡尔顿酒店开了一天的董事会，高管们做报告，阐述医养战略。

养老社区没问题，董事们担心的是医疗。那些外籍股东和专家，也看过很多医疗、药品、器械的项目，太复杂、太专业，投资、获得盈利都很难，可不是约翰斯·霍普金斯义诊那么简单的。政策也是一个不确定因素，台湾长庚医院进入大陆20多年的故事，就是一个例子。

董事会上，陈东升依然信心满满，明知山有虎，偏向虎山行。但实际上，这次会后，泰康的医疗板块速度有些放缓，"医疗确实很复杂，不能急，但医养的方向不能变。我们就不急着当司机，先当乘客吧,你做得好我去投资,做二股东、三股东"。

貌似高歌猛进的泰康,忽地回到2009年的时光,忐忑养老社区,重塑大个险体系,归置银行保险,找寻新的发展路径。

突进、盘桓、反思、探寻,在泰康25年的历程中,几度翻转。

插一句。

2019年12月,中国最大的校办企业北大方正集团无力兑付一笔20亿元的债券,引爆千亿元债务序幕,2020年2月进入破产重组司法程序。北大方正旗下最值钱的是北大医疗板块,有10余家医疗机构,其中北大国际医院更是声名远扬,笑傲江湖。

对北大医疗,各路买家纷纷入场,泰康和平安更是近身搏杀,到最后一轮只剩下这二位了。2020年12月,平安联合珠海华发和深圳特发,以529亿~725亿元的价格,胜出泰康与武汉国资联合体,入主北大方正。

但北大医疗可能是个坑,此处产权关系复杂,管理运营专业,营商环境莫测,有床位5 000多张,负债上百亿元,2020年营收虽然有66.26亿元,但归属于母公司的净利润却是-13.78亿元。平安向来讲究投资回报,是否有耐心等待医疗这个慢行业的回报周期?如何驾驭这辆庞大战车?

平安布局医疗板块甚早,但几乎都是线上的,平安健康(原平安好医生)、平安医保科技等,概念不错,独需落地的线下医疗机构,这样才能形成闭环。而线下医院要协调的太多,从政府、卫健委到员工、医保等。相对应,到2019年,泰康旗下已经有5家综合医院、4家康复医院、2家一级医院、1家诊所、1家口腔连锁。

逼迫平安豪赌医疗的更大焦虑是:平安保险业务不妙。2021年前4个月,平安保费收入虽然以3 025.9亿元仍居同业第一,但增速在头部企业中垫底,为-5.79%。同期,泰康10.38%,新华7.40%,太平洋6.21%,国寿4.59%,人保1.92%。

"过去两年,平安的保费基本上就不怎么增长了,对一个大公司来说,是大危机。"

平安宣示,要培育医疗健康生态圈,打造中国版联合健康。这是平安转型突围的出口之一。因此,即使亏钱,也要砸钱。

2017年,中国保监会发展改革部副主任罗胜曾说,保险企业有两种发展模式,一种是"金融宽带",银行、证券、保险、信托,金融大托拉斯,以资本运作见长;另一种是走专业化道路,以保险为核心,深耕寿险产业链。前者是平安,后者是泰康。

两种模式,却不约而同砸向医疗。

据报道,泰康第一轮报价直逼800亿元,几乎是稳拿。但在最后一轮,却出乎意料地下撤,报价低于平安,让出了北大医疗。背后原因不明,从中却可以看出陈东升的谨慎和纠结。

看看之前泰康的董事会会议吧,或许能揣摩出端倪。而董事会会议,还能这么开?

附录　泰康人寿第七届董事会第七次会议记录(节略)

时间:2016年3月4日9:00—17:00

参会人员:

董事长兼CEO陈东升、独立董事李达安、独立董事郑国枰、董事安德鲁·沃尔夫(Andrew Wolff)、董事吴振强(委托独立董事李达安)、董事任道德、董事田溯宁(电话参会)、董事胡祖六。

部分列席人员：

总裁兼首席运营官刘经纶，执行副总裁兼首席财务官、首席风险官周国端，执行副总裁兼首席投资官段国圣，执行副总裁李艳华，副总裁刘挺军，助理总裁兼首席人力资源官苗力，助理总裁兼F1事业部总经理汪刚，助理总裁兼CEO办公室主任宋宏谋，战略规划部总经理周立生，物美集团创始人张文中（特邀）。

打造国际领先的创新型保险金融服务集团（陈东升）

陈东升：

中国保险业就是平安模式和泰康模式，平安走"金融宽带"模式，泰康坚持专业化道路，深耕寿险产业链。我们有了医养康宁战略，提出了四位一体——活力养老、高端医疗、卓越理财、终极关怀。

李达安董事上次说不能唯新单价值论，我们也接受这个观点，什么事情走到极端就是有问题的。现在市场看寿险公司最重要的指标还是看新单价值，我们还发明了核心价值，加上了成本和品质，成本就是费用，品质就是继续率。

医养就是要医养墓全国化——在每个省会城市有我们的三甲医院、大型顶级养老社区、墓地，墓地不强求。我们做这个模式的时候不知道有凯撒模式，后来发现美国有凯撒，英国有BUPA（保柏），这也证明了我们的这个模式是成功的。但我们有不一样的地方，凯撒模式只是有医院，只是在加州。而我们在全国都有机会，是世界级的。

我们这几年道路越来越宽，就是因为建了养老社区。产品体系，高端闭环、中低端开放平台，这是我们的理想。高端就是医养康宁的高端人群，中低端就是未来打造互联网平台，有养老院、墓地在我们的平台上，帮它们卖产品，最终泰康也是一个互联网化的公司。我们现在是全渠道，年金排第二、法人业务第三、电销第二、经代第一、个险第四、互联网第一，我们所有的渠道都排在前面。

关于生态链，泰康走到今天，按西方的观念会认为我们是瞎搞，没有边界。其实我一直在告诫我们的边界在哪里。比如做医院、养老社区，不动产比例为30%，没有突破任何监管规定。

1996年成立泰康，我们抓住的第一个风口是中国经济增长，人寿保险这个新兴市场巨大的增长，第二个风口就是中国从一个新型工业国向中等和发达国家迈进，两个风口叠加打造了一个伟大的企业。这个体系不是凭空来的，它是20年的实践、互联网的挤压、产业链的虚和实的叠合与延伸，形成了今天我们认为的一个崭新的商业模式。

今天我拿了一个体系，你们来跟我攻，能不能攻进来？有哪些弱点？有没有缺陷的地方？我现在很清楚，一个是边界，另一个是医疗的挑战。特别是医院，医院就是医疗资源，医疗资源就是好医生……

李达安：

据我所知，泰康从开始到现在也犯了不少错误。从前的错误可能对泰康不会有很大的影响，因为泰康10年前规模还小。但现在泰康已经是很大的公司，我们将来在养老、医疗、健康险这些不是很专业的方面更容易犯错误，对我们的打击也会非常大。

胡祖六：

我的一个观察，也许寿险业在美国、日本的萎缩是特别严重的，但这个事情在中国发生，应该还有很长时间，因为中国的保费收入占GDP的比重还不到2%。如果其他条件都不变，中国的保险行业至少能够有4倍增长，可以再造4个平安、4个国寿、4个泰康。我们已经有这么好的基础，是不是把资源集中在寿险核心业务上发展？

即使我们有能力多元发展，也并不意味着什么都要做。应该要看有多大的股权回报率，如果上市的话，资本市场也要来评估我们的企业价值。但对养老社区、医疗是不同的评价体系，那时候投资银行分析员、基金经理都会抓脑袋，怎么评估泰康的价值？比如养老社区是个非常不同的产业，更多是跟房地产、服务、定息债券的现金流有关的，跟保险还是有一些差别的。所以愿景不能是说有多少家医院，而是要达成什么ROE（净资产收益率），对泰康盈利和价值的贡献是多少。我们可能变成中国的第一个HCA（美国医院集团），做的医院很多，但对泰康的核心价值的贡献力不一定很高。

任道德：

我想着重提一点，除了陈董报告所提到的主系统之外，其实还围绕着保险、医疗、养老、墓地四个子系统，还要有几个子系统的资产负债表，来丰富和完善公司的整体战略。这里面可能涉及公司整体资源的配置问题，还要按照不同的专业、不同的系统提出它的短期、中期和长期的基本规划，通过数字来体现这个目标，这样的话可能论证起来、决策起来就更容易一些。

张文中：

大家也提了一些担心，今天没有一个完全成熟的可以完全拷贝的商业模式。比如说1995年的时候，陈董跟我讲AIG。但今天光讲AIG肯定是不行的，不创新就不行，我们要加健康险，加互联网，加医养，这是完全正确的。如果说这个时候把泰康定位成一个成熟公司，有一个成熟的模式，我觉得就很危险了……

许明茵：

刚才祖六提到，我们未来假如既是保险公司，又是做健康保险的企业，两边未来怎么评估、分析它？因为一边是EV（内含价值），另外一边是P/E（市盈率）。我们高盛也花了很多时间去看医院，投了钱到收割期大概要10年左右，中间亏损还是蛮厉害的。我们怎么去看盈利和风险？我们的优势在哪里？

陈东升：

我们就是抓第三波商业地产，同时做服务。我为什么没有考核刘挺军，因为刘挺军做的这个事，一下子产生了2万个高端客户，对于高客，公司怎么来估值？我今天讲的商业模式，最终还是以保险为主，延伸了两块，形成闭环的化学反应，未来产生多大的价值？所以周国端你现在每一块钱都跟我算账，跟我讲效率，跟我估值，还是跟老板的战略跟得不够，老在想自己专业的东西。

最重要的一个化学反应是什么概念呢？这个养老院，这个200万元的保单卖出去，现在这21 000个高端客户把钱放在这儿，今后养老、墓地、高端医疗，带来的价值是无法估计的，这个是别人抢不走的。

中美健康保险体系比较（周立生）

周立生：

全球是两个极端的体系：一个是美国高度市场化体系，另一个是英国的全民保障体系。但严格来讲，像法国、德国、英国，包括中国，都可以称为一个全面健康保障体系，只是中间政府的角色不同。像中国商业健康险占的比重只有1%，而在美国市场占到了30%多……

李艳华：

凯撒在美国是成功的，它要求医院能力非常强，所以才会有人买保险，到这个医院来看病。

周国端：

请教一下，刚刚说的里面赔付率都在80%到85%对不对？赔付率要在80%以上，它要想赚钱就很困难，因为费用率基本上到20%。

安武：

在中国做医疗保险是不是不能根据人家之前的一些病拒保？

刘经纶：

和我们的保证续保是一个概念。

胡祖六：

假设健康险以后发展起来，我们想用开放系统还是封闭系统？因为我们自己的医院肯定是不够的，段总不可能把中国的医院都买下来。如果开放别的医院，那我们自己的医院定价、支付怎么处理？另外，你说这个药，郭广昌做医院是因为有复星医药，在美国是不可能的，有很多冲突，法律上也不允许。所以我觉得所谓产业链，我们还是要考虑好哪一部分对我们的核心能力是最有价值、最有吸引力的，应该有所为，有所不为。

安武：

美国凯撒一年能挣30多亿美元，但它不缴税，是非营利机构，所以现金流非常好，能不断地投医院。如果我们要缴税，就没那么好了。在医疗行业，房地产重资产这一块其实并不是最有吸引力的，应该是轻资产服务最有吸引力。

陈东升：

安武说得对，我们下一步是不是一定要营利性的医院，我跟挺军的看法有些分歧。严格讲，今天中国走凯撒模式根本没到时候，凯撒医院是非营利的，相互保险公司也是非营利的，非营利不缴税，而我们起码要缴35%的税。我做医疗养老可以独立地做，也可以用凯撒模式，但是我们有前瞻性，建立一个模型，当竞争到这一步，我可以走到这个模式……

我对巴菲特的研究还是不错的，他就是复利原则，大概每年利滚利做到8%，我可以讲一个成功的巴菲特，也可以讲一个失败的巴菲特。现在中国养老是刚起步，养老我们抢在前了。医疗虽然我们比复星晚，但我们心里很有数，我们肯定要做中国最大的医院连锁集团。

刘挺军：

现在设计模式就是要把轻重资产分离，轻资产部分可以是非营利的。

郑国枰：

巴菲特更多的是寻找那些表现特别好的公司，以小股东来参股，更倾向于开放型的。像我们现在，都需要我们自己来建立公司，在执行层面上可能会比较困难。

陈东升：

我们唯一跟巴菲特不一样的，就是我们有生态链的概念，是产业布局，跟我们产业无关的我不去弄。我们做巴菲特是完全可以做到的，我们不用他所谓的浮存金，巴菲特的浮存金算下来成本是3%，就是保费加上赔付，巴菲特实际上亏3%。巴菲特最大的浮存金来自通用再保险，他的浮存金是有负债成本的，不是零成本……

安武：

我们理解董事长的意思，是把这些长期的负债投到长期的像巴菲特模式，这是从资产负债配置上来说的。但问题是，会不会有这种极端的风险，比如说因为环境或者人的构成发生变化，得病的概率就会提高？另外我们最近看了好多制药公司，一些新药卖得非常贵，这些药的使用有没有考虑在我们保险里面？

许明茵：

最近半年每周都有人来跟我们要融资，都是去建医院的，拉一些专家来建最好的医院。我的问题是，好东西都一窝蜂过去，然后把价格打得很厉害，抢医生，他们的工资会往上走。做医院还能赚钱吗？要不我们等别人先去做？

陈东升：

这就是刚才讲的，你一个地产商，一个小老板，现在健康赚钱就搞个医院，再往下呢？没钱了，弄到产能过剩，投了10个亿，最后1 000万卖掉，我就1 000万把它买过来，我们是整合者。还有一个，价格打下来不是坏事，对消费者有利……

泰康大健康生态投资策略（段国圣）

段国圣：

过去我们基本上单纯从投资回报、从资产负债来考虑整个泰康投资。老板要我从医养的生态链去思考。我的理解，第一，投资要形成跟公司保险业务和其他医养板块相互协同的关系；第二，投资的企业之间也可能有上下游关系，我们要去整合；第三，我们投资的企业里要形成一些共同的企业资源，我们要去撮合让它们形成平台，形成相互的关联。假如我看中了一个医药企业，我会跟它说我有医院，就形成一个优质投资标的的聚集。

为什么我们要投互联网？因为很多互联网企业确实有价值，比如说导诊、转诊，比如挂号网的出发点就跟其他不一样，它形成了一个分级的诊疗体系。我把春雨医生、好大夫、丁香园这一类企业都看过一遍。最后我为什么投了挂号网？我觉得挂号网的老板比其他人能干……

李天晴：
你作为小股东，他也不可能把他的数据跟你分享啊？

刘经纶：
你可以要求资源共享，这就要谈判了。

段国圣：
我们是这个思路，挑选优秀的医疗、养老等的 GP（普通合伙人）公司，我们去做 LP，跟投一些好的目标，然后就是共投，一起完成一些大的标的。当然，最终我是很想跟他们做 CO-GP（联合投资管理模式）的。

陈东升：
许小姐，很多人找你，你们就按照医院的估值，有好的医疗资源你们可以投，投了以后卖给我们，这样你就放心多了。

泰康医养产业战略规划（刘挺军）

刘挺军：

到底为什么保险公司一定要去建自己的医院，拥有自己的养老社区？为什么不去跟别人合作？从专业化的角度，合作通常效率会更高一点。有两个情况是特别的。第一，现在有30%的医疗开支是消费者自己付费，通过商业保险支付医疗开支只占1%。大家为什么宁可自己掏钱也不通过保险公司来购买这些医疗服务？因为不管你是通过挂号网还是保险公司挂号，都没有降低成本，买不到比较好的优质服务。第二，养老社区对泰康的作用，是用一个独特的生活方式来推动年金业务和长期寿险业务的弯道超车，这是我们寿险业务竞争上的一个根本点。

陈东升：

杭州的那块地，我肯定会去那儿养老。未来我们会是连锁的候鸟式养老，会到马来西亚和澳洲去买或建。我们这个高举高打的风险就是，五六年没有盈利。

张文中：

如果是这样，收购是不是最好？

陈东升：

收购几乎不可能，国家100年的资源你怎么去收购？要把公立医院搞到手，会给我们带来道德上的谴责。我做生意的风格你们知道，我不会去碰这个。一句话，我们的养老从北京出发，医院从南京出发。

刘挺军：

目前燕园的第一期已经有30%的入住率，去年是亏损2 700万元，在预期范围内。我们希望到2020年，保守估计的价值能够到400亿到500亿元的水平。

陈东升：

只要你盈利了，就可以把这个不动产分离出来，就可以独立上市。

高端客户经营专题报告（汪刚）

汪刚：

我一直在追瑞信到底发生了什么，它为什么要找我们？找到了两个理由。第一，它近几年在国外的大型金融机构里面增速下降。第二，它的私人银行在美国的业务亏本了，所以它现在已经切掉了美国本部，把7%的资源投到了中国。我们颠覆了寿险业高端客户的概念，我们高端客户的幅度比私人银行要宽，因为私人银行只在那儿放着钱。

陈东升：

我们的客户是终身的，在银行那儿可能明天就跑了，在我这儿是为了养老，他把养老和医疗保险的钱交给我了。

汪刚：

有一个数据让人兴奋，去年我们高端客户新增了4 727人，占泰康人寿去年新增客户43.6万人的1%，但是它提供了泰康标准保费的13%。另外，在泰康累计交费1 000万元以上的客户只占了高客的3%，但是它提供了16.36%的保费，高客再开发和他们带来的巨大价值，让人非常兴奋。

这几年我们做了什么东西来与众不同？同业都是单条线地进攻，像我们这样从战略层面到组织架构体系，以及到全国布局的，目前唯此一家，所以泰康的先发优势十分明显。我们有专属的架构、专属的团体、专属的产品、专属的服务、专属的系统，特别是专属服务，我们叫六个私（私人健康、私人企业、私人收藏、私人管家、私人旅行、私人律师），今天私人银行都开始向我们学习了。

陈东升：

市场品牌、口碑太重要了。去年我找了一批大专家，包括胡润，做了24场医养论坛，一场下来能卖五六十件，这是一个创新。

健康险旗舰落地专题报告（李艳华）

李艳华：

我把美国的医疗保障体系和支付体系做了一个列表。美国公共医疗和商业医疗分得非常清晰，商业医疗保险占64%，公共医疗部分占了36%。中国这张表极其复杂，我们只能列出第一支柱、第二支柱、第三支柱，一个人看病，他不知道自己要承担多少费用。社保一般在70%到80%，而且它有个社保目录，不是所有的费用都给报销的。另外我们还有企业的医疗保险，再给报一部分，最后剩下由个人负担一部分。

现在政府财政压力比较大，发了很多加强商业保险的政策，就是为了逐步减少财政支出。去年有大概十七八个省是亏的，只能推到第二年报销。

陈东升：

医疗的压力比养老还大。

李艳华：

我们做了一个盈利模式的分析，也了解了美国安泰的ACO（责任医疗组织）价值管理，学习安泰的医院控费方式。对税优健康险，我们非常谨慎，因为不拒保，产品定价非常便宜，可能会对我们其他产品有影响。

陈东升：

我觉得还是要大量获客，获客后你再卖大病产品，这要有一个过程。艳华还有一块业务是比较有价值的，现在企业健康保险可以有5%的免税比例，企业就把这5%的钱提出来发给员工，去年我们做了25亿元，大概有90万人去报销，而且可以到10 000个药店去买药，这是很有价值的资源。将来用互联网来采购药，然后直接分发给客户，砍价公司就成立了。这就是一个商业模式，是刚刚开始的13亿人的医疗市场，不能把任何商业机会漏掉，我们在这个领域里是可以倒海翻江的。

胡祖六：

在养老社区泰康是一个先驱者，但在健康险，平安、人保做得比较早，我想知道泰康跟它们有什么异同？我们有什么独到的地方？

陈东升：

我来回答，健康险这个市场我这20年都是睁大眼睛，不能错过这个机会。泰康健康险是一个有完备系统的公司……大个险里的健康险产品，现在给费用型健康险的空间非常小，税优的逆选择非常严重。但如果你卖到1 000万单，还有什么逆选择？还是标本问题，标本一大就是大数定律了，就是要拼命卖大……

今天大家对大健康战略基本有了一个框架，每一块都是一句话：生态链，医养康宁全国化，泰康健康险的旗舰，健康服务体系建设。大家有问题可以提。

郑国枰：
刚才讲到在自己的养老社区也会建医院，这样就会把成本控制起来了。但是我听过这样的例子，一个医院集团自己可以提供健康保险产品，这样就不需要去保险公司购买这个产品了。是不是我们自己的医院也可以这样做？

陈东升：
我们不需要，我们就是大凯撒模式。

安武：
公司真的有非常多增长的机会，当我们在2011年投资的时候，当时觉得陈董就有很多想法，到现在很多想法已经成为事实。我也想总结一下，用巴菲特的办法吧。第一，有这么多发展目标，如果要排序一下，要考虑两个问题，一是要把资本的回报放在第一位，二是考虑对公司的协同效应和整个平台的构建。这些业务里面最重要的肯定是高客。第二，健康险执行风险相对比较大一点。第三，养老社区是一个很好的方向，我们稍微有怀疑的主要是医院这一块。传统来讲，我们的经验是医院的回报不是特别高，真正把人放到手术台上，应该是一个相对没那么赚钱的生意。所以这是我们比较大的一个疑问。

郑国枰：

新加坡就有这样一个例子。一个新加坡集团也是自建医院，一开始它是自己运营，后来把医院出租，这样降低了运营成本。这给我们提供一个思路，我们可以把我们建好的医院委托他人运营，也可以吸引一些其他投资者进来。

李天晴：

郑博士讲的是新加坡的百汇医疗集团的例子，把大部分的股权卖给他人，持有10%到20%的权益，能减轻资本压力。

陈东升：

刚才郑博士讲的，商业走到你不觉得有优势的时候，你就自然会这样，把它给到最能经营的人。但是我跟大家讲为什么我坚定地来做医疗和健康险，就是我认为，因为互联网的冲击，永久的生意是不存在的。

互联网的核心是去中介、降低成本，所以传统的寿险是很害怕的，传统寿险信息不对称，高成本，会被彻底颠覆，我的危机感是很强的。所谓危机感很强，我们讲健康保险和医院，"明知山有虎，偏向虎山行"，这就是走到终极的一个消费，互联网再颠覆，你病了要不要看病？你老了要不要养老？老了一定会生病，40%是慢病。所以我讲了四个刚需——养老、医疗、理财和终极关怀，这"四位一体"，医院是重要的，但是医院很有挑战。我反复讲，没有医院我这个长坡理论也是可以做成的，就是以医养融合为核心的养老社区。没有医院，高端客户商业模式也是存在的。

可以把医院单独切开来看，做医院要有耐心，医院反过来会形成凯撒模式。医养康宁全国化，未来谁也打不过我们，这样卖保险就会永久地卖。而且保险不是寿险了，因为有医院你的健康险就可以对接了;养老产品对接了,你永远会管理退休金,永远会有健康保险。所以如果没有医养康宁,这个是做不到的。

今天上午对价值板块提出来巨大的挑战。因为过去你们在看、在等,今天突然一下子走到你这步了,你怎么来算成本?怎么来做资本安排?怎么来估值?价值板块要把这些拆开来研究。寿险公司的估值我们很清楚了,1 000亿元估值。高客这块怎么来估值?美国商业地产回报最高的是养老,比医院的回报都高。但是挺军很迷医院的综合回报,比养老社区高,是不是?医疗挑战确实很大。安武作为一个投资银行家,以资本回报作为排序是对的,和我们的看法也是一致的。今年泰康20年,我今天要回答你们未来20年会怎么样。未来20年就是要把这个商业模式做成,以保险、资管、医养这三大板块建立集团,然后用未来10年把这个战略真正打造成功。

此外,我们对商业模式判断很准,比如健康服务,我们这次也去美国看了全球最大的基因测试设备公司Illumina(因美纳),华大基因的基因检测设备就是这家公司生产的。其实我可以跟它建一个合资公司。

所以我反复讲医院是很重要的,为什么有波士顿?为什么有硅谷?一定要有顶级的医院和顶级的大学才有所谓生命科学的繁荣,所以在医院问题上我是很坚定的,但是医院确实有挑战和不确定性。今天我们的医院有很好的基础,就是刚才讲的鼓楼、同济和华西,那么好的环境,还有留下来那么大的余地让我们扩张,所以我要把鼓楼建成中国的约翰斯·霍普金斯。复杂问题就把它简单化,挺军这一块今年头等大事是上海、广州养老社区开张,还要把鼓楼医院的人气搞起来,不然两三年没搞起来就没戏了。

李达安:

我想跟大家分享一点AIG关于健康保险产品的经验。现在公司想推健康险，李艳华、汪刚都做。如果这个健康险做得不好谁负责？AIG 的制度，比如说健康险有一个所谓 owner（所有者），什么事情到最后背锅的都是他。所以现在健康险分了这么多块，是不是要把责任或者考核的元素都划分得比较清楚？如果标准不清楚，到后来相互推让就不好了。

陈东升：

达安提得非常好，这次做集团的时候，把这个分工、风险搞清楚。

胡祖六：

我参加过很多中国公司的董事会，限于具体事务性的这种表决比较多，战略讨论比较少。今天开会来关注公司未来 5 年、10 年大计的长远战略，正是董事会最大的功能，我觉得这个很有价值，这些战略规划还是非常有说服力的。我上午听完之后，就提了我们的机会在哪里，我们的核心能力在哪里，最终的效果看 ROE、价值。总而言之，尽管我们可能对医院、养老社区略微有一些保留，但是总体战略规划是可行的。

14

在万米高空百年历史看世界

我转回去吻了她的额头　感受到她的温度

2019年6月23日,陈东升拿到了《我的深情为你守候——崔可忻纪念集》。

崔可忻是北大教授钱理群的老伴,俩人都是民国大家族出身。崔可忻是上海医学院儿科毕业的,退休前是中国儿童中心的研究员,一生热爱唱歌。实际上,因为崔可忻身体不好,不胜家务,老两口才住进泰康燕园,钱理群方能安心写作。

2018年11月,崔可忻被诊断出患了胰腺癌,医生说她只有4个月的生命。崔可忻与时间赛跑,做了4件事。第一是把家里的事情安排好;第二是安排自己的治疗,不做化疗,不动手术,就在泰康康复医院接受疼痛治疗;第三是在燕园做了一场告别演出,83

岁的老人，一身洁白的连衣裙，绽放出震撼人心的美丽；第四是完成自传——《我的深情为你守候——崔可忻纪念集》。

"崔老师病了以后，我去看了她4次，每次去她和钱老师都谈笑风生，没有一点感觉是得了不治之症。他们对待死神的态度，对待生命的态度，是优雅的、恬淡的，他们那种跟死神赛跑的方式，太让人感动了。我觉得他们就是精神的贵族。"陈东升说。

什么是人生？什么是高贵的人生？怎样才能高贵、优雅、有价值？

"这两年我反复跟大家交流，人类社会追求的终极目标是什么？我们泰康忙忙碌碌，目的是什么？就是追求社会的和谐，个人、家庭、企业、国家，乃至全人类的和谐、幸福、健康，这是最大的公约数。因为有种族，有宗教，有国家，有冲突，有战争，实现天下太平这个理想还是很难的。"陈东升说。

大事要敢想，小事必须马上动手："泰康就是实现人们终极目标的一个伟大的经济组织，就是解决人的生老病死的一个制度安排，就是社会保障体系的中流砥柱。"

陈东升最后一次去看崔可忻，离开时走到电梯了，又转回去，吻了她的额头。"我能感受到她的温度。"

我把你们当兄弟 但也要公私严明

陈东升是有温度的，但有时温度会很高，会发火。那是2018年7月17日。

"你们知道吗？公司为了留住人才是下了很大决心和成本的。苗力刚才说过，大家从加入公司到现在取得的收入、奖金、三次股票价佰、企业年金都很可观，有些人说起来都会感恩，但做起事来却时常忘记，都觉得是应该的，你们像股东吗？你们真的把自己当股东去守住公司的财产吗？怎么叫守土有责？"

一段时间，泰康发生多起经济案件，陈东升拿自己的家乡——湖北的泰康荆门公司开刀。"财务这次查出的事，前后12个人搞钱，有的还被抓了，但还是没起到震慑作用。董事长这些年带着大家致富，中国民企税后利润过百亿的一共也只有十几家，希望大家做有理想、有抱负、有品位、有担当的人。对于偷这种行为，我认为不具有人格，没资格同我们同流、同路、同行。我既要把你们当兄弟对待，带你们打仗，成为被人尊重的企业，但也要家规严明，公私严明。"陈东升说。

互联网大水漫灌，野蛮生长，玩泡沫，做流量，烧钱做假，一些风气也带到了泰康。在寿险业，为了做业绩，虚设人头，假激励，零星采购，会议旅行拿回扣，亲朋利益输送，等等，这些也让泰康头疼。

"一亩三分地怎么管好？拉帮结派，搞小团体主义，就管不好。必须规规矩矩，20多年，我都不允许给我送礼，不允许到我家去，也不允许给你的上级送礼。这是我的天条，我以身作则。但泰康的管理是宽松的，我认为大家的收入是不错的，应该珍惜。"陈东升说。

在另一个场合，陈东升说："我一直跟你们讲，董事长一生都是理想主义的，一生是堂堂正正的，是绝不容忍这些藏污纳垢的价值观的。我们不是私营企业，我们是一个有国际股东、有员工股东的股份制的、市场化的现代企业。我从来没有用私企的方式来管理这个公司，我一样地穿工装，我一样地9点来上班，我去你们分公司出差，我什么时候要求你们用奔驰车接我？我出差打过高尔夫球没有？你们一定要知道，'人在做，天在看'，我不是土财主。"

嘉德坚守不买不卖　谁敢这么说？

陈东升理想主义的崇拜对象第一个是福特。

1913年，亨利·福特受到屠宰厂流水线的启发，把流水线引入汽车制造，带来了一场工业革命。流水线按秒设计操作规程，工人都是标准重复动作，大大提高了效率，降低了成本。

卓别林的电影《摩登时代》狠狠地批判了福特的流水线，认为这是血汗工厂，是剥削工人的帮凶。然而，正是这场工业革命，把汽车这个当年的奢侈品，变成了许多人都能拥有的普通商品。普惠大众，造福人类，很伟大。

吹捧过了？确实，当时福特的想法很小，就是让他的工人也能买得起汽车，那时候一个工人日薪5美元，一辆车要几千美元。这是福特的理想，也很伟大。

陈东升第二个崇拜对象是乔布斯，几起几落，不服输。乔布斯做了一个iPod（数字多媒体播放器），把索尼"干掉"了，不满足又做iMac（苹果电脑），也成功了，最大放异彩的产品是iPhone（苹果手机），是"手机+计算机"，最终改变了世界。今天智能手机已经是人们生活中离不开的社交工具、支付工具和娱乐工具，变成了许多人身体的一部分。

汽车不是福特发明的，智能手机也不是乔布斯发明的，但是因为他们的创新、整合和推动，改变了人类的生活。

作为保险人，身在服务产业，陈东升能有多大作为？能改变谁的生活？

"我 2008 年到美国看了养老社区，那一刹那，我下决心要把这个商业模式拿到中国来。什么叫共产主义？人人平等，按需分配。后来我学经济学，觉得这个理想是不可能的，因为资源是稀缺的，但我们可以用市场经济的方法为人民服务。"

像福特一样，陈东升也想让他的员工在泰康养老社区安度晚年。"未来我们的目标是用 100 万也能享受燕园这样的生活。怎么来降低成本呢？未来最大的成本是人工，所以人工智能会大大应用。"

不仅是福特，不仅是商业模式，还有乔布斯，陈东升要改变中国老年人的生活方式，改变他们对生命的态度。"我母亲 93 岁了，住在我们养老社区，去医院做透析不愿意住特护病房，不住大床，要给我省钱。他们这一代本质是节俭的，就是要改变他们的生活态度。"

陈东升信奉实业救国，实业改变社会。但什么是高层次的实业家？

"1992 年，我一个在深圳的同学，做股票，有 2 000 多万的身家，相当于现在的几个亿，他身边有七八个人。我觉得，他虽然有钱，但他没有事业，他对社会没有贡献、没有影响。我还认识一个民企老乡，他在深圳办工厂，从湖北天门老家带去了 200 多号人，浩浩荡荡。他的钱虽不如我的那个同学多，但他有企业，有几百号人，他对社会的贡献也更大。我得出一个结论：有钱不等于有事业，有事业一定不会缺钱；富不一定贵，但贵一定是富的。"

算上营销员，如今泰康员工 80 万人，一个家庭 3 个人就是几百万人，这些年缴了超过 730 亿元的税，捐赠也过了 10 亿元，这是一个向大企业迈进的节奏。

经济学家张维迎是亚布力中国企业家论坛的常客，他把企业家分为套利型和创新型两种。

"过去我们不清楚，以为做生意能赚钱的都是企业家。从价值观和战略来讲，过去泰康跑马圈地，野蛮生长，这是从猎人到农户的过程，猎人就是商人，农户就是企业家，后者是靠自己的技术来精耕细作吃饭的。所以我提到商业机会主义和商业理想主义。"陈东升说。

时常，商业机会主义不知不觉就占了上风，而商业理想主义只好靠边站了，然后忘了为什么出发。

"在中国，企业家要有政治家的头脑，就是商业向善。商业向善就是商业以人为本。以人为本和西方的以客户为中心是有差别的，以客户为中心是商业模式，我为你服务，我获得报酬。而以人为本的出发点是真善美，能够给人们提供服务，不是围着利润转，是长期主义，可能眼前赚不到钱，但因为有信誉，长期是会赚钱的。"陈东升说。

1993年5月18日，嘉德国际拍卖正式开业，但直到1994年3月27日，在近一年里颗粒无收。"嘉德第一年给我的压力，我永生不忘，就像农民辛辛苦苦种地，不知道老天爷给不给面子，会有什么样的收成。所以，给你第一笔生意的人，不是给你一笔生意，而是你的救命恩人。"陈东升说。

因为踯躅，所以珍惜。当时，陈东升对拍卖唯一知道的是：买卖双方各收10%的佣金。于是，"一辈子只靠佣金"，成了嘉德的铁律。

确实有拍卖行取巧，自己拍下拍品，瞅机会卖出赚大钱。"拍卖就是一个中间商，而不能去参与买卖，这样对买主卖主都不公平。古话讲，该你赚的钱就你赚，不该赚的就不赚。必须学会有所敬畏，有所为有所不为。嘉德坚守不买不卖，有哪个拍卖行敢这么说？"陈东升说。

唐昕说，做嘉德时，张晓刚的画8万元一幅，嘉德是有机会下手的。但没买，就没想发这个财。现在，4 000万元了。

商业价值观之上，还有其他逻辑。"我的政治观是不左、不右、不高调，我的社会取向是为家、为家乡、为母校、为社会。泰康为什么没有官商勾结？在市场上为什么从来没有这样那样的传言？因为我们信奉'三化''三不'——专业化、规范化、国际化，不偷、不抢、不争。我们为国家做事，政商关系一定要走正道，做市场和监管的好学生。"陈东升说。

自1979年保险业复业，到2021年，执掌企业超过20年的创始人只有3个，平安马明哲，华泰王梓木，泰康陈东升。

苏富比赚一块钱　为泰康贡献了一毛五

2017年4月23日，第20届哈佛中国论坛举行，主题是"共担时代责任"，陈东升是主讲嘉宾。

那次，陈东升把苏富比CEO请到哈佛大学，泰康是苏富比的第一大股东，持有苏富比15%的股份。当年陈东升创办嘉德时，苏富比是陈东升的神。

陈东升还请来了保尔森，后者曾担任高盛集团首席执行官、美国财长。而高盛集团，其时也是泰康的第二大股东，握有泰康12%的股权。

泰康与外资企业，你中有我，我中含你，负距离。"泰康赚一块钱，有一毛二分钱贡献给了美国人民，苏富比赚一块钱，也为我们中国人民贡献了一毛五分钱。"

在社会发展进程中，对中国与世界各国的相互作用，陈东升体验多多：

"从1840年到现在，有两条主线一直跟我们这个民族分不开，一条是学国际强国，以强盛中华，到今天社会体制的转型还在继续；另一条是东西方文化的碰撞，也就是中学和西学的关系。从洋务运动到戊戌变法到五四运动、抗日战争，再到新中国成立、改革开放，这 100 多年中国崛起的过程中，一直以工业化为主导，现在正处于工业化、大消费和科技创新三期叠加的阶段。

"洋务运动对中国的工业化有开创性的作用，但它是官商结合。第一次世界大战是中国民族资产崛起的时期，最著名的是中国最后一个状元张謇下海，还诞生了一批企业家阶层，但由于中国革命，这个进程中断了。美国当年用 50 年时间完成崛起，中国也是用 60 年的时间，或者说用改革开放 40 年的时间完成崛起的过程。巴菲特是永远唱好美国的，我也告诉大家，我从来对中国充满了信心。我没有绿卡，也没有把资产转移到海外。

"原来我觉得中国强大了，应该是融入世界体系。东西方文化应该互相欣赏、互相交融、平等对待。这是我原来想象中的中国崛起的美好远景。日本繁荣过，日语、日本文化、日本茶道也曾经风靡全世界。我以为中国的文化也会这样，但是看到美国取代英国的历史，我觉得今天会比想象中的困难……"

坡、道、雪　打造三个闭环

亚布力是中国的滑雪胜地，这里有长长的坡，宽宽的道，厚厚的雪。把亚布力中国企业家论坛打造成中国企业家的精神家园，这是陈东升的愿景。

到 2021 年，在亚布力论坛成立的 20 年中，陈东升是唯一一个每年都参会的企业家。

泰康的商业模式，陈东升也把它比喻为坡、道、雪："现在互联网总讲黏度，其实人寿保险黏度是最牛的。比如'幸福有约'，45岁把钱交到这儿，到80岁，35年的长坡；养老，医疗，理财，终极关怀，四位一体全包圆，宽宽的道；高端人群，三高一主，高级知识分子，高级干部，高级管理者，企业主，厚厚的雪。"

要想实现这坡、道、雪，需要打造三个闭环。陈东升表示：

"第一个闭环是以保险为核心的全生命产业链的闭环，就是管人的生老病死，就是打造人的生命产业链。雷军、马云都在打造生态链，我们这个生态链是解决人的终极需求的。泰康养老社区在全国有先发优势。

"第二个闭环是投资和退休金的闭环。资本市场最大的大咖就是人寿保险资金，是退休金，是公募基金。以前我跟段国圣、邢怡讲，把最好的投资经理、基金经理放在退休金里，这是战略。他们听不懂，或者他们不以为然。但过了10年，他们说：'老板，你是对的。'退休金是什么？是永远的期交，只要这个企业不垮，年年往里面放钱。全国社保基金，我们花很多气力进去了，中标了三个账户，泰康是保险业唯一的一个。

"第三个闭环就是我们正在做的医疗，这是一个很大的挑战，泰康在打造医疗生态链，有牙科、生育、心血管、高端诊所，这个闭环是最复杂的，是最难的。"

三个闭环中，前两个已经成形。当三个闭环完成时，就组成一个大闭环，大健康。

之前对大健康的理解，是医养服务，是一个产业，之后发现，这是一个巨大的金矿：大健康产业覆盖了全社会第一、第二、第三产业，囊括了全部的经济活动，尤其是2020年新冠肺炎疫情后，人们对健康越来越愿意投更多的钱，这样，产业之间，企业之间，加之技术赋能，叠加出一个超级大市场。

人健康产业最牛的是支付。在美国，从奥巴马医改到特朗普反医改，都是跟健康险公司打交道，医院背后都是健康险公司、医疗险公司。美国第一大产业就是健康产业，3.2万亿美元，在美国GDP的18万亿美元里面占17.8%。在中国，不论是社保、企业补充医疗保险还是个人商业医疗保险，保险是支付，支付是领衔的。

"25年的泰康，已经不是一个传统的人寿保险公司，它赶上了从工业化社会向后工业化社会转型的时代，是围绕着保险和大健康产业构造的一个全方位的生态链，大公司越大，好公司越好，这就是马太效应。"

注意，是生态链，不是陈东升忽悠李艳华的帝国大厦，而是一个建筑群，一个社区生态。

"陈董说过好几遍，如果泰康中规中矩地走下去，做得再大也不过是在保险行业排名靠前。但如果医养这个事做成了，在中国，在世界，就创造了一个商业模式，就像阿里巴巴一样，在世界的商业模式中留下一笔。"姜敏说。

应对长寿时代，泰康给出了自己的商业方案。甚至，陈东升以为，以后不叫养老社区，要叫长寿社区。

观望10多年 平安终于迈步养老社区

2021年5月，平安推出"平安臻颐年"康养品牌，高调进入养老社区。这意味着，在泰康开拓养老社区10多年后，在各大保险企业纷纷跟进抢占医养蛋糕后，最后一个大险企，平安终于按捺不住迈开脚步了。

只是，一贯以新锐著称的平安，这一次的观望、矜持、思考，为什么这么长？而此时，泰康已发力重资产，在养老社区领域深挖壕、高筑墙、广积粮10余年，已建和在建的养老社区达24家，遍布全国主要城市。

平安最赚钱的是普惠金融。平安搞普惠金融，以及横向开拓金融品种，泰康搞不过它。当然，泰康有自己的想法。

这就是说，平安有赚钱的舒适区，因此不必学泰康农夫般辛苦。及至2020年整治融资平台，或许这是促使平安离开舒适区的一大刺激？

各大寿险公司正遭遇着1979年保险复业以来未曾有过的增长困境。2020年新单、续期、人力、保费等核心数据的下滑，尚有疫情的原因，然而2021年的数据却比2020年更糟，未来预期堪忧。原有的模式难以为继，无论是"产品＋服务"的迭代，还是数字化的迁徙，最终的落脚点还是渠道的改革。

养老社区就是渠道。在一定程度上，泰康的养老社区更像一个独立的产业，甚至走在了保险的前头。

平安高调进入养老社区，意味着对"养老社区＋寿险产业链"模式的认可，是对泰康模式的遵从。

"现在万科也学我们，它建了五六十个养老院，加起来3 000个床位。但它的商业模式是分散、凌乱的。除了同业，没有任何机构有我们这样的气魄，200亿元放它四五年不赚钱。"陈东升说。

"泰康模式是原创，保险加养老，有可能引领世界保险行业资产匹配负债的一个新模式，这是全世界都没有的商业模式。这既是一个保险的商业模式创新，同时也有效解决了社会问题，值得称颂。"周国端说。

"我要做中国大健康领域的亚马逊。当然这里面有竞争，打不赢怎么办？乔布斯有句话非常精妙，打不赢就入伙，我们是整合者。"陈东升说。

平安踏入这个自己长期以来未曾重视的领域，必定引起格局的重洗。

养老社区真正的竞争力，将体现在失能与半失能老人的护理上。而成熟的医护资源，尤其是医生资源的培养，非二三十年苦功不可，已有大险企数年前就收购了护理类院校。

这也是陈东升执拗入资医疗资源的原因。

保险公司建立养老社区情况

公司	养老社区数量	设立城市	模式
泰康保险集团	24	北京、上海、广州、三亚、苏州、成都、武汉、杭州、南昌、厦门、沈阳、长沙、南宁、宁波、合肥、深圳、重庆、南京、郑州、青岛、福州、温州、天津、济南	自建社区
太平人寿	8	北京、上海、广州、三亚、苏州、云南、杭州	自建社区、养老合作
太平洋保险	8	成都、大理、杭州、厦门、南京、上海、武汉	自建社区
中国人寿	4	北京、天津、苏州、三亚	自建社区、社区养老
大家保险	3	北京	养老合作
合众人寿	3	武汉、沈阳、南宁	自建社区、海外收购
新华保险	3	北京、海南	自建社区
君康人寿	2	北京、上海	自建社区
前海人寿	1	深圳	自建社区
阳光保险	1	广州	自建社区、社区养老
人保寿险	1	大连	自建社区
同方全球	1	上海	养老合作
中国平安	1	深圳	自建社区

附录 解码泰康：从保险到医养的成功突围（节略）

作者：任泽平、曹志楠、黄斯佳

- 历经20多年的发展，目前泰康形成保险、资管、医养三大板块联动的格局。保险板块以寿险为主导、其他多险种共同发展；资管板块以泰康资管为平台，涉及保险资管、企业年金管理、第三方理财、公募基金等多种业务；医养平台从医疗、养老、健康、殡葬等多个领域入手，打造"医养康宁"四位一体的"大健康"服务生态。
- 截至2018年末，泰康总资产达到8 060.22亿元，自2010年后同比增速逐渐放缓；平均资产负债率94.39%，高于寿险行业平均水平88.20%。
- 泰康的核心商业模式是打通"保险支付—大健康服务"循环，业务链条可以总结为：深耕保险主业，创新产品内涵→泰康资管投资获得高收益→吸引大企业参与年金服务和团体保险，精准网罗中产人群→针对中产人群打造大健康产业链，发掘顾客终身价值。
- 深耕保险主业，拓展产品内涵。保险板块收入占比中保费占绝对主导地位，2006—2018年平均占比高达74.46%。传统保险上，泰康自2009年优化保险产品结构，逐步缩减银保产品，扩大寿险、长期健康险等产品的占比。互联网保险上，泰康注重线上销售、聚集流量，截至 2017 年 11 月，泰康在线通过 200 多个端口渠道和丰富的创新产品线，共积累了超过 1.2 亿保险用户。
- 资产管理卓著，网罗高端客户。投资板块对总收入贡献比例达到 17.3%，主要平台为泰康资管。从 2015 年第二季度到 2019 年第二季度，平均基金总资产净值季度同比增长 183.94%。通过建立高效稳健的资产管理体系，在市场上获得了引人注目的高收益，以吸引和留住中产客户。
- 重资打造"大健康"生态产业链。泰康医养板块创新设计保险直接赔付方案，绑定免费健康管理服务。一是通过自建、投资、合作的方式渗透医疗健康领域；二是泰康作为保监会首批养老社区投资试点，创立了泰康之家养老品牌，重资产自建养老社区；三是创立国内首家一站式互联网殡葬服务平台爱佑汇，开创"殡葬+互联网"产品。
- 泰康未来发展需要逐个击破几项经营上的痛点。第一，整合医疗机构质量不高。第二，医疗资源不在泰康体系内，不能通过利益博弈达到降低医疗成本的作用。第三，养老机构重资产运营成本高、回收周期长。第四，泰康互联网殡葬业务对于传统的殡葬观念发出了挑战，需待用户传统意识的改变。

奔跑中的少年　满目青绿吴起镇

2016 年 8 月 22 日，泰康 20 周年庆典大会暨泰康保险集团获批揭牌仪式在北京人民大会堂举行。

终于,泰康从一家资本金6亿元的小保险公司,成长为泰康保险集团。高楼万丈平地起。

2016年7月,泰康第36家分公司西藏分公司开业,泰康完成了大陆省级机构区域布局,各级机构超过3 900家。经过之后的整合,泰康保险集团下辖泰康人寿、泰康养老、泰康在线、泰康资产、泰康健投5家子公司。

泰康第一次进入《财富》世界500强榜单是2018年7月,以240.85亿美元的营业收入位列第489位。当消息传来时,陈东升挺淡定:"以中国经济的体量,泰康也该上榜了。"就像在秋天的田野里摘下一朵野花,浑然天成。

那一年,泰康的亮点还有很多,中国500强企业第108位,服务业500强第50位,中国民营企业500强第21位,亚洲品牌价值500强第149位。"特别告诉大家,泰康营收在北京民营企业排第4位,税收排第3位,在所有的企业里,包括工商银行、奔驰,泰康给北京市纳税排第29位。"

陈东升特别看重纳税。

2021年4月,一份作者署名为关凌的研究报告在业内流传,即《保险公司转型升级路在何方——价值导向发展与价值管理体系初探》。

该报告对保费收入10亿元以上的59家寿险公司进行了排名。

参照RAPM(风险调整绩效评估方法)思路,该报告设计了反映寿险公司通过管理风险获取的风险回报率,排名中,2017年前7名是汇丰、国华、中美联泰、友邦、中德安联、中信保诚、泰康,国寿第14名;2018年前7名是中德安联、中美联泰、友邦、平安、泰康、招商信诺、恒大,国寿第26名;2019年前7名是友邦、中德安联、中美联泰、平安、泰康、招商信诺、中信保诚,国寿第8名。

另外,2019年风险回报率与规模之比,前7名是友邦、中德安联、中美联泰、平安、泰康、招商信诺、中信保诚,国寿第8名;2019年EVA(经济增加值),前7名是友邦、泰康、平安、华夏、同方全球、中国太平、太平洋,国寿第8名;2019年EVA、资产增量、保费收入比较,前7名是平安、国寿、泰康、太平洋、新华、中国太平、友邦。

在所有对比中,泰康始终在前7。

到2020年,在寿险企业规模上,泰康已稳居前5。当年寿险公司总资产规模超过万亿元级的有5家,国寿4.252万亿元,平安3.479万亿元,太平洋1.484万亿元,泰康1.023万亿元,新华1.004万亿元。

当年,泰康投资收益达552.1亿元,较上年上涨35.7%,致其净利润达186亿元,与市场排名第3的太平洋处在同一水平。

2020年寿险企业规模

公司	总资产(亿元)	保费收入(亿元)	净利润(亿元)
中国人寿	42 524	6 122	502.68
中国平安	34 792	4 760	921.00
太平洋保险	14 843	2 119	186.42
泰康保险	10 239	1 496	186.20
新华保险	10 043	1 595	142.97

2019年泰康实现了高层新老交替,刘经纶专任监事长,刘挺军出任总裁。在泰康,陈东升任董事长24年,刘经纶任总裁21年,如此之长久,在保险企业中鲜见。

"现在集团管委会里面'70后'有好几个人了,部门总50多岁的很少了,大部分都是'70后'。"苗力说。

"这几年我做的最大的事就是人力资源数字化,这样就能对每个人进行量化分析。过去你都不知道子公司、分公司有多少人，我们重新打造一个新系统，外接了100多个系统。建立指标体系，整理20年的数据，我们部门加班可能是泰康系统最多的。董事长老说：'你们退休后，给泰康留下什么遗产？'这个人力资源系统，就算遗产吧！"苗力说。

泰康还有一个资产，就是司训："求实创新、稳健进取、专业规范、亲和诚信、铸造团队、成就自我、分享成功、奉献社会。"

一彪新军已加入泰康，他们是从哈佛等国际著名大学归来的博士、硕士，如李明强、陈奕伦等，他们带来了国际化的视野，打造泰康的顶级智库。

2020年初，新冠肺炎疫情横扫全球。在中国保险业，从年初的负增长，到冰冷的线下活动率，再至固定成本、现金流、净利润，准备金计提增加、投资收益降低，这令保险企业集体焦虑。

7月底，"泰康世纪圣典"登陆今日头条、抖音等各大平台，圣典除了表彰泰康800个营销精英，还带来了一场疫情时代的保险思想碰撞，陈东升和孙祁祥教授主讲。全程用时超过200分钟，观看者过千万。

"疫情时代保险业有两大升维走势，一是人类社会加速进入数据时代，二是健康和家庭比黄金还重要。这一次疫情使得拥抱科技、加速线上数字化流程改造的共识达成空前统一，中国保险业的科技应用将会和欧美发达国家站在同一起跑线上，甚至有些方面还超过了发达国家，如数据化应用。未来10年，健康产业的规模和价值都将得到空前的爆发和放大。"陈东升说。

至今，泰康拥有各级保险分支机构超过4 000家，运营医养实体240多家，管理资产规模超过24 000亿元，退休金管理规模和受托规模超过7 600亿元。

2021年《财富》世界500强榜单，泰康排名比上年又上升了

81位，位列第343位。

25年中，泰康累计服务客户超过3.56亿人，服务企业客户42万家；累计理赔金额770亿元，累计纳税超过730亿元，纳税在北京市民营企业排第3位。

2021年8月22日，泰康25年司庆日，陈东升宣布，向武汉大学捐10亿元，支持武汉大学一流学科建设，在医学和生命科学领域创新发展，为社会做出更大贡献。"泰康解决了80万人的就业，有5 000名老人生活在泰康之家的长寿社区，我们通过溢彩公益资助了158家普惠型养老机构，全国有40 000多名老人因此受益。"

陈东升说："今天的泰康是一个新的物种、新的生态。在互联网时代，在跨界时代，泰康已经脱胎换骨，从专业寿险公司走向综合寿险公司，又走向解决人们生命方案和生命过程的一家伟大的销售公司。"

"泰康之所以能够有前瞻性，有战略判断，选择做什么和不做什么，是因为董事长对政经的长期研究。他就是两个方法，一个是显微镜，就事论事，把毛病挑到极致；另一个是在10 000米高空，在100年历史的时空中看世界，这样才不会有偏差。"刘挺军说。

如果说2009年是泰康的"遵义会议"，那么2021年就是泰康的"吴起镇"，前方葱葱新绿。

泰康仍是奔跑中的少年。

之后经年，泰康还能打造几个世界500强？

后记

为什么是陈东升？

1996年5月，我接触保险业不久。一次会上，碰到一个姑娘，大学刚毕业，在泰康工作。会后一起离开，我自行车链子掉了，她非要帮着上链子，弄了一手污泥，怪不好意思的。

这姑娘叫孔东梅。后来我认识了陈东升。再后，我远远地看着泰康，总觉得它不温不火的，人畜无害。直到泰康的养老社区出现，泰康的医养战势成形。泰康25年了，耀眼业界。

因为写此书，泰康人帮忙捋线索，这25年中，他们竟然想不出何时泰康遇到了坎儿，似乎一直岁月静好、顺风顺水，天时、地利、人和，抱团施宠泰康。

我不信。没有企业会轻易成功。泰康一定犯过错误，走过弯路，耽误过时机，误判过市场。陈东升一定也有过焦虑、发怒，甚至绝望，只是他扛住了，莫与他人知。

在与业内和泰康诸位求教时，大家一致的看法是，泰康没犯过致命的错误。

泰康为什么没有犯过致命的错误？泰康的轨迹为什么没有大的

曲折？泰康何以走到今天？

商场如战场。陈东升有时会话带脏字，但他基本上是温文的。泰康人多是书生，多秘书出身，阵中几无燕人张翼德般的猛将。比起同门新华关国亮、孙兵，泰康人更显得文艺。

倚仗政府资源？泰康不如同门的华泰王梓木，王司长当年曾在总理门前行走。甚至不如同门的永安保险和华安保险，不能说地方政府就不是资源。

陈东升继承了家族的商业基因？陈父陈万林是个孤儿，做过湖北天门地方国有商业和林业的领导，母亲段士英当过天门繁殖场的会计，或许有遗传，但无从计量。我敢肯定有传承的是联想柳传志，柳父柳谷书确是政商皆通。

陈东升总是说要守法合规，要国际化，要创新，要好的治理结构，要稳定的经营团队，这些可能做得都很好，都是泰康成功的原因。但也不敢确定，因为这些都是愿景，谁都可以自我表扬。而具体做得如何？何以衡量？比如把泰康的经营团队给了王安，那厮能玩得转吗？

我唯一能断定的是，陈东升爱看书，真看书，照着自己对书的理解去做。比如他硬扛做寿险，执拗搞员工激励计划，这样做并无特殊的资源，也没有特别的私利。他的坚持，是对书本的理解，对大势的判断，对逻辑的认同。其后泰康的战略，多由此而清奇。

那边一定喊将起来："百无一用是书生。"但正是因为书生陈东升的成功，才更衬出这个时空的可人。在这里，是可以做梦的。

于是，无背景、不勇猛、清奇理想的少年，在山石上刻上一个"始"字，然后奔向了京城，高楼平地起，成功了。

话说回来，泰康为什么能成功？可以说是时代使然。但时代一直在那里，成功的是少数，炮灰是多数，成功了还可能又跌倒。

当解释不清时，大家只好归功于老天，老天保佑。

我看过一篇文字，或许，勉强可以解释的是科斯定理。

20世纪60年代，经济学家科斯描述产权在不同所有者手中的转移和归属问题：假如交易成本为零，初始产权配置不影响最终配置结果，市场交易会自发找到最适合某项产权的主人。

300多年前，大科学家伽利略用物理学也解释过类似的现象：假设在没有摩擦的情况下，无论运动物体在哪个势能曲线上运动，都不影响它最终回到原来的势能水平面。

科斯定理的基本意思是：开始，某项资源的初始产权是谁的并不重要，或者说是次要的，因为资源总是喜欢寻找最擅于使用它的人，就像钱会主动去找那些能使钱的价值最大化的人一样。

资源和工具也会沿着边际生产力最高点，不断地从一个人手里转移到另一个人手里，直到遇到最适合它的人。谁能把资源发挥出最好效果，谁就能成为资源的主人。一旦不能发挥出资源的最好效果，即使他千方百计地阻挡所有权的更替，也只是延缓交割时间，不能阻挡最终归属。

人才也是如此，会按照自己的能力的最高点不断地从一处移动到另一处，直到移到最适合的企业。

科斯定理的结论是：让上帝的归上帝，让撒旦的归撒旦，能者居之。

我不敢说读懂了科斯，我只是感觉，在理论战略上，在实务操作上，陈东升或许都不是最出色的，但在两者的结合上，他是能留下一号的。在此时空环境中，左的右的，胖的瘦的，勇猛的文艺的，都难成功，于是便宜了陈东升，成功了泰康。

这个便宜，这个成功，不是预设的，是环境自发地找到了合适的人。

如果将来泰康出了岔子，一定是交易成本暴增，摩擦力暴增。此是不可抗力。

错了，错了，写后记本并非要信马扯这些，只是想感谢几个人，泰康的大领导们就算了，他们不缺感谢。

感谢赵力文。她审时度势，协调八方，拼命洗我的脑，安抚我的烦躁，如亲姐一般。

感谢李湘泉，她无私奉献，尽出珍藏，且悬湘泉酒于前，施以激励。知她实名湘荃，故意错名，聊以畅想。

感谢朱久华，他寡言少语，敬业专工，信手甄别资料。文字档案是基础，各种回忆叙述聊且听听。

感谢王安……

王安
2021 年 8 月